KB054736

1000억 땅부자들의
토지투자
시크릿

토지 투자 고수들이
반드시 지키는 부의 원칙

1000억 땅부자들의
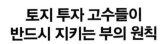

토지투자
시크릿

윤만, 김성완 지음

매일경제신문사

업무상 땅 투자자들을 많이 만나는 편이다. 1년에 300명쯤? 부동산 중 가장 비싼 것이 땅이다. 적게는 몇천만부터 크게는 몇백억 원까지 한다. 이렇게 통 큰 투자자들을 나는 매일같이 만나고 있다. 이른바 땅부자들. 다시 말해 사회적으로 성공을 거둔 사람들이다. 이런 사람들을 만나서 배우고 그들의 삶을 엿볼 수 있다는 것은 매우 큰 축복이다. 일종의 인생 공부가 되기 때문이다.

하지만 처음부터 그렇게 생각한 것은 아니었다.

2021년 봄, 우울감이 심했다. 매일같이 만나는 땅부자들과 나의 삶을 비교해보니 상대적 박탈감이 심했다. 특히 미국에 유학 가 있는 자녀들에게 부동산을 사주려고 다니는 분들을 볼 때면 누군지도 모를 그들의 자녀가 부럽기까지 했다. 그렇게까지 해줄 수 있는 부모가 있다는 사실 또한 부러웠다. 아, 나 역시 어쩔 수 없는 한국 사람인가, 남들과 비교해서 나의 처지를 비관하는….

하지만 언제까지 우울감에 빠져 있을 수는 없지 않은가. 열심히 일하는 것으로 극복하는 것이 좋겠다고 생각했다. 아울러 땅부자들을 부러워하지만 말고, 그들과 잘 지내고 친해져서 나도 한번 부자가 되어보자는 생각도 들었다.

찾아오는 땅부자들을 잘 기억하고 관리하려고 한 명 한 명 특징을 적기 시작했다. 처음에는 간단히 사는 지역이나 나이, 타고 다니는 자동차 정도만 기록했는데 시간이 갈수록 기록의 범위가 넓어졌다. 이렇게 쌓인 것들이 많아지자 내가 기록한 것을 처음부터 쭉 읽어보았다. 그런데 재미있는 것이 보였다. 이들에게 어떤 공통점을 발견한 것이다. 자동차, 사는 곳, 가족관계, 하다못해 목소리나 말투, 옷차림, 좋아하는 음식들까지 비슷했다.

땅부자들의 행동과 습관 등이 비슷한 것이 과연 우연일까? 아니면 그러한 특징을 가진 사람들이 땅부자가 되는 것일까? 어쨌든 이들에게는 공통적으로 보이는 특징이 있었고, 그러한 것들로 인해 부자가 되었다는 생각이 들었다.

이러한 사실을 가족들과 친구들에게 이야기했더니 재미있게 듣고는 신기해했다. 다들 나도 배워야겠다며 정리를 좀 잘해보라고 했다. 보통의 사람들은 큰 부자를 만날 기회가 별로 없을뿐더러, 그런 기회가 주어진다고 해도 깊은 대화를 나눌 새가 없다. 혹시라도 주변에 아는 부자가 있다면 모르겠지만, 우연히 만난 부자와 오랜 시간 이야기를 나누며 부자의 마인드를 배우기란 요원한 일이다.

가만, 그렇다면 이거 꽤나 유익한 정보가 되지 않을까? 땅부자들의 이야기를 듣고 그들의 성공 노하우를 배우면서 식견도 넓힐 수 있는 땅 투자 공부! 성공한 사람을 만나는 것은 그 자체가 값진 경험이다. 따라서 돈을 주고서라도 해야 한다. 부자들과의 한 끼 식사를 함께하는 자리가 비싼 값에 팔리는 것도 그 때문이다. 그렇다면 내가 어느 정도 도움을 줄 수 있을 것도 같았다.

이 책은 그렇게 해서 탄생했다. 땅부자들을 매일 만나며 경험한 이야기를 담았다. 아울러 땅 투자에 조금이나마 관심이 있지만 여러 이유로 시도조차 하지 못한 사람들을 위한 내용도 함께 소개한다. 아무쪼록 한 줄의 글에서라도 영감을 얻어 삶의 방향이 바뀔 수 있다면 저자로서 더 바랄 게 없을 것이다.

2022년 여름,
윤만

서울 소재 대학의 경영학과를 나와 화성에서 첫 사회생활을 시작했다. 건설 붐이 일던 시절이라 대기업 레미콘 사업부는 많은 인원을 채용했는데, 거기에 내가 속한 것이다. 새벽 일찍 출근해서 밤늦게까지 일하면서 받는 월급은 250만 원. 이 중 150만 원 이상을 저축했다. 악착같이 아끼고 모아 5,000만 원을 만들었고, 아파트 갭투자를 시작으로 부동산에 뛰어들었다.

이후 부동산을 전업으로 시작하면서 토지 시장에 진출했는데, 처음 거래한 것이 8억짜리 땅이었다. 놀랍게도 그 땅은 2년 전에 2억밖에 안 하던 땅이었고, 2억 중 1억은 대출이었다. 1억 들여서 투자한 땅을 2년 만에 8억에 판다? 물론 세금과 대출을 빼면 실제 남는 금액은 그보다 덜하겠지만, 직장생활을 하던 내게 이는 신세계였다.

이것이 나와 땅부자의 첫 조우였다.

사람들이 부자에 대해 갖고 있는 이미지가 있다. 무례하고, 거만하고, 이기적이고, 안하무인이고, 돈만 밝히고, 사치스럽다… 미디어에 비춰지는 부자들의 모습도 대개 이렇다. 비싼 술을 마시고, 백화점에서 갑질하고, 돈을 위해서는 뭐든지 하는 사람들. 그런데 이게 과연 부자들의 실체일까?

부동산 중개인으로 수많은 땅부자를 매일같이 만난다. 그들과 대화하고, 그들과 식사하고, 그들과 동행하고, 그들과 거래를 한다. 그러면서 많은 것을 보고 느꼈다. 그들의 말투나 행동, 습관, 철학 등을 들여다보면 이들이 부자가 될 수밖에 없었구나, 하고 느껴진다. '나도 따라 배운다면 빠른 시간 안에 부자가 될 수 있지 않을까' 하는 생각마저 들었다.

누군가는 하루 종일 일해서 최저 임금을 받지만, 누군가는 매매계약서에 사인 한두 번 하는 것으로도 몇억을 쉽게 벌기도 한다. 우리는 같은 시간을 쓰고 있지만 다른 결과를 내고 있다. 모두 앞으로 뛰어가고 있는 건 분명한데, 누군가는 제대로 된 방향으로 올곧게 뛰어가고, 누군가는 갈팡질팡 엉뚱한 길로 가고 있는 것이다. 그렇다면 방향을 잡아줄 길잡이가 필요하지 않을까?

돈을 많이 벌어봤고, 버는 방법을 잘 아는 부자들이 그 나침반 역할을 해줄 수 있다고 자신한다. 부자들의 행동, 습관, 말, 투자를 배워보고 따라 해본다면 우리에게도 부의 기회가 열릴 것이다.

직업상 변호사, 변리사, 세무사, 회계사, 의사 등 고연봉 전문직 종사자부터 제조업, 식품업, 유통업, 물류업을 하고 있는 사업가들까지 다양한 분야의 땅부자들을 만나면서 많은 것들을 배울 수 있었다. 그리고 부자들에게서 공통적으로 발견되는 특징과 철학 등을 기록하면서 나의 삶에도 적용해보기 시작했다. 그러다 보니 더 많은 사람이 함께 배웠으면 하는 마음에 이 책을 쓰게 되었다. 주변에 적당한 멘토가 없다면 이 책이 그 역할을 대신해줄 것이다.

아무쪼록 이 책이 여러 사람에게 좋은 길잡이가 되어줄 수 있기를 바란다.

2022년 여름,
김성완

차례

1부 · 부자들은 왜 토지 투자에 주목할까?

1장   '땅' 투자가 '땀' 투자보다 좋은 7가지 이유

2장 땅에서 수익을 찾아낸 부자들의 디테일

2부 · 땅부자들에게 배우는 토지 투자 불패의 원칙

3장   오르는 땅을 고르는 부자들의 비밀 노트

4장   수익을 실현하는 토지 투자 오답 노트

5장 초보자를 위한 토지 투자 전략

3부 · 토지 투자 고수가 만난 땅부자들

6장 1년에 땅부자 300명을 만나고 알게 된 것들

7장   땅부자들에게 배운 투자와 인생의 지혜

1부

부자들은
왜 토지 투자에
주목할까?

1장

'땅' 투자가
'땀' 투자보다 좋은
7가지 이유

수익률이
극적이다

아파트, 상가, 건물 등 부동산 투자 상품은 무척 다양하다. 외려 월세를 받는다거나 당장의 필요한 자금을 융통할 수 있다는 면에서 이런 부동산 상품이 더욱 매력적일 수 있다. 그런데도 왜 '땅' 투자를 해야 하는 것일까? 땅부자들은 어째서 계속 땅을 사는 것일까?

가장 큰 이유는 가격 상승 폭에서 차이가 많이 나기 때문이다. 아파트나 상가는 단기간(1~3년)에 매매가가 두 배 오르면 역대급 상승이라고 말할 정도다. 이런 주거용이나 상업용 부동산의 폭발적인 단기 상승은 평생 두세 번 정도 경험해볼 수 있을까 한 경우다. 최근 몇 년간(2018~2021년)이 그중 하나다.

하지만 땅은 좀 다르다. 대규모 산업단지가 들어설 예정이라든가 신도시가 개발 중인 곳의 주변 땅값은 단기간에 몇 배씩 뛰어오르기도 한다. 그런 곳을 잘 골라서 투자한다면 평생의 몇 번이 아니라 1년에도 몇 번씩 큰 수익을 얻을 수 있다. 과거 아무것도 없는 시골 땅이었다가 산업단지로 변모한 곳의 땅값 추이를 보면 확연히 알 수 있다. 땅값이 서서히, 꾸준히 오르는 게 아니라 짧게는 1∼2년, 길어야 5년 정도면 땅값이 급격히 상승한다.

그럼 언제 땅값이 '빠르게' '많이' 오를까? 바로 토지 분양을 할 때다. 입점 기업이 정해지고 철골이 올라가면서 눈에 뼈대가 올라가는 게 보이기 시작하는 시점이다. 어떤 기업들이 들어온다는 소식이 들리면서 전국에서 투자자들이 몰려온다. 따라서 단기간에 극적인 수익을 올리고 싶다면 토지 분양 1∼2년 전에 땅을 매입하면 좋다.

단순히 수익률만 본다면 개발 발표 직후 땅을 사서 입주 완료 시점에 팔면 좋겠지만, 그 모든 과정이 짧아야 10년 정도다. 살아생전 개발되어서 입주하는 것을 보지 못할 수도 있다. 내가 죽은 후에 땅값이 100배 오르면 무슨 소용인가. 물론 후손들을 생각하면 다르겠지만 말이다.

신도시나 산업단지 땅을 분양하기 1∼2년 전에 사서 묻어두었다가 분양이 시작되었을 때 파는 전략을 잘 짜면 아파트나 상가로는 얻을 수 없는 드라마틱한 투자 수익률을 경험할 수 있다.

정해진 시세가
없다

이상하게 들릴지 모르겠지만 땅의 매력 중 하나는 정해진 시세가 없다는 것이다. 물론 시세란 개념이 없는 것은 아니다. 땅을 사고팔 때도 "시세보다 낮게 나왔다"는 표현을 분명 쓰며, 손품 발품 다 팔다 보면 주변 시세보다 싸게 살 수 있는 것도 사실이다.

그런데 왜 정해진 시세가 없다는 것일까? 이 말은 달리 하면 시세의 영향을 덜 받거나 시세의 기준에서 자유롭다는 뜻이다.

아파트를 예로 들어 생각해보자. 아파트는 똑같은 위치, 똑같은 층의 똑같은 평수, 똑같은 인테리어 등이 존재한다. 물론 층이나 동의 위치에 따라 가격이 조금씩 달라지긴 하지만, 기본적으로 비교 가능할 수 있는 똑같은 매물이 존재한다. 그래서 "옆 동은 얼마에 내놨다고 하던데"라는 말이 도는 것이다. 하지만 땅이 어디 그런가?

세상에 똑같은 모양과 크기를 가진 땅은 거의 없다. 이런 요소들이 기준가의 개념을 약하게 만들고, 이를 통해 더 큰 수익을 거둘 수 있는 것이다.

하나하나 따져보자. 우선 땅은 크기가 제각각이다. 그래서 거래되는 가격도 다르다. A라는 땅이 300평인데 평당 100만 원에 내놓았다면 매매가는 3억 원이 된다. 바로 옆 B라는 땅은 3,000평이다. 그렇다면 A처럼 평당 100만 원 해서 30억에 거래가 될까? 그렇지 않다. 땅은 평수가 클수록 평당 단가가 내려가는 경우가 일반적이다. 땅이 클수록 소요되는 비용도 많기 때문이다. 그러면 에누리가 들어갈 수밖에 없다. 따라서 돈이 많을수록 큰 땅을 싸게 살 수 있다.

땅이 크고 도로와 잘 붙어 있다면 분할 매도도 가능하다. 분할 매수가 가능한데 분할 매도가 불가능할 리 없지 않은가. 땅을 분할해서 1필지의 크기를 작게 만들면 면적이 큰 땅보다 평단가를 높게 받을 수 있다. 또 같은 지역의 땅이라도 흥정을 통해 싸게 살 수도 있다. 각자 시세보다 싸게 빨리 팔아야 할 개인적인 사정이 있는 경우가 있기 때문이다.

땅은 또한 경사도에 따라서도 활용도가 달라지고, 이 부분이 가격에 영향을 미친다. A는 도로와 같은 높이의 평평한 땅인데, 그 옆의 B는 아래로 꺼져 있는 땅이라고 해보자. 어떤 땅을 사고 싶은가? 당연히 A일 것이다. 그렇다고 B는 사지 말아야 할까? A가 매매하는 데 5억이 드는데, B는 3억이 든다. 물론 B는 땅이 꺼져 있으니 메우는 작업을 위한 추가 비용이 든다. 그런데 이 비용이 5,000만 원이라면? 경사도와 공사비를 내세워 가격을 더욱 낮출 수 있다면? 이럴 때는 B를 사는 게 이득이다. (물론 B가 경사가 심해 메우는 작업을 해도 건축 허가가 나지 않는다면 아무리 싸게 나왔다고 해도 매입하면 안 된다.)

땅이 도로에 붙어 있느냐 아니냐에 따라서도 땅값은 달라진다. A는 도로에 붙어 있긴 한데 바로 뒤에 맹지(도로가 안 붙어 있는 땅)가 붙어 있다고 하자. A는 누구나 탐내고 사고 싶어 하지만 맹지는 사려는 사람도 없고, 아주 저렴한 가격에 내놔야 겨우 팔릴까 말까 한다. 도로가 없는 땅이라 건축 허가가 나지 않기 때문이다. 이런 경우는 맹지 주인이 도로에 붙은 땅을 사야 한다. 그러면 도로에 붙은 땅과 맹지가 모두 도로와 붙은 땅 가격이 된다. A를 비싸게 사야 한다는 단점이 있지만 팔 때는 맹지까지 포함한 면적을 팔 수 있으니 수익을 더 거두는 셈이다.

뒤의 맹지 주인이 A를 살 생각이 없으면 의미 없지 않나 생각할 수도 있다. 그럴 땐 역발상을 하면 된다. A 주인이 뒤의 맹지를 싸게 사면 된다. 그러면 평균 매수 단가를 낮출 수 있는데다 팔 때는 도로와 붙은 땅 가격으로 팔 수 있으니 훨씬 이익이다.

땅에는 정해진 시세가 없다는 건 이런 의미다. 이런 부분을 잘 활용한다면 수익을 극대화할 수 있다.

싸게 사는 순간
큰돈이 된다

부동산은 정가의 개념이 존재하지 않는다. 수요가 가격을 결정하기 때문이다. 마땅히 사줄 사람이 나타나지 않는 한 가격은 내려가게 마련이다. 물론 본전 생각이 나서 버티는 주인도 있다. 하지만 수요가 많으면 올라가고 적으면 내려가는 것이 보통이다.

따라서 누가 봐도 좋고, 누가 봐도 사고 싶은 A급 매물은 절대 흥정이 안 된다. 굳이 그래야 할 이유가 없기 때문이다. 하지만 살짝 아쉬운 점은 있지만 투자 가치가 있는 B급 땅의 경우는 가능하다.

B급 땅은 장점도 있지만 단점 때문에 내놓아도 바로 팔리는 경우가 드물다. 그 단점이 많은 사람으로 하여금 그 정도 금액을 투자해도 될까 망설이도록 만들기 때문이다. 이런 땅에 주목해보자. 이런 땅은 일단 싸게 매입할 수 있다면 그 자체가 이익이다.

일단 여러 사람이 보고는 가지만 거래가 쉽게 안 되는 땅을 많이 확보해놓자. 확보해놓는다고 해서 일단 구매하고 보라는 뜻은 아니다. 일단 여러 곳을 다니면서 B급 매물에 대한 정보를 많이 수집하라는 의미다. 그래야만 기회가 오기 때문이다. 여러 B급 매물에 대한 정보를 모았으면 일주일에 한 번 정도 중개 사무소에 연락해서 그 땅이 팔렸는지 확인해보자. 아직 팔리기 전이라면 통화를 마치기 전에 이렇게 말해보자.

"마음에는 드는데… 비싸서 좀 고민이 되네요."

이런 식으로 매주 한 번씩 연락하면 중개인은 가격 흥정만 되면 팔리겠구나 생각해서 땅 주인과 가격을 좀 내리는 게 어떻겠냐고, 그러면 살 것 같은 사람이 있다고 전하게 된다. 그러다 보면 땅 주인도 마음이 혹한다. 가격을 내리면 살 사람이 있을 거라는데, 좀 깎아주고 확 팔아치울까 하는 생각이 든다. 사실 땅을 내놓고 오랜 기간 안 팔리면 초조한 게 사람 마음이다. 역으로 얼마 정도면 살 것 같으냐고 중개인에게 물어보기도 한다. 그러면 이제 중개인에게서 먼저 연락이 온다.

"얼마면 그 땅 사시겠어요?"

여기까지 왔으면 이제 내가 가격을 제시할 차례가 된 것이다. 생각해둔 가격을 말하되, 이런 식으로 해보자.

"투자금이 ○○억 원이 최대라서 평당 ○○○원에 되면 바로 계약금 입금할 수 있습니다."

조금 배짱을 부려도 된다. 내가 생각한 것보다 조금 더 내려서 제시해도 된다. '안 되면 말고'라는 생각으로 화끈하게 지르면 된다.

B급 땅은 이런 식으로 가격 흥정을 해서 싸게 살 수 있다. 손품 발품을 많이 팔아야 해서 시간도 노력도 많이 들지만, 잘만 하면 처음 내놓은 가격보다 훨씬 싸게 매입할 수 있으니 그 정도는 감수할 마음이 있어야 한다.

땅은 원래 가격보다 싸게 사는 순간 이미 큰돈을 번 것과 다름없다. B급 땅은 파는 데 시간이 오래 걸릴 뿐 안 팔리는 것도 아니다. 그렇다면 싸게 산 만큼 차익을 더 거둘 수 있다.

세금에 따른
민감도가 작다

    최근 몇 년간(2019~2021년)은 전 국민이 부동산에 웃고 울었다. 정부에서 주택 정책을 발표할 때마다 주택 가격이 잡히기는커녕 폭등했고, 매매가와 공시가가 오르면서 세금도 대폭 늘어났다. 특히 매수세를 가라앉히려고 양도세와 보유세를 대폭 인상했는데, 주택을 여러 채 보유한 사람에게는 중과세를 매겨 부담을 더 안겨주었다. 즉각적인 가격 하락 효과는 나타나지 않았지만, 공격적으로 여러 주택을 매수하는 투자자들의 심리를 꺾는 데에는 어느 정도 효과가 있었다.

    그런 면에서 땅은 주택에 비해 세금에 따른 민감도가 작다. 사실 세계 어느 나라나 집값을 잡는 게 큰 문제이지만, 한국의 경우 주택이 필수재이면서 자산에서 차지하는 비중이 크다 보니 더 민감하게 반응하는 면이 있다. 하지만 땅은 그렇지 않다. 땅은 집에 비하면 필수적인 재화가 아니다. 주식 투자와 같이 자산을 불리는 수단 중 하나로 인식되기도 한다. 따라서 땅값은 주택값에 비해 심리적 저항선이 낮은 편이고, 세금 측면에서도 큰 차이가 있다.

먼저 취득세를 살펴보자. 주택의 경우 매매가에 따라서 1~3%의 취득세를 내는데, 2주택이 될 경우는 8%(조정 대상 지역), 3주택 이상이나 법인의 경우는 12%다. 그런 만큼 다주택을 보유하는 데 부담이 된다. 토지의 경우는 매매가의 4.6%(농지는 3.4%)를 내면 끝이다. 번거롭게 계산할 필요도 없고, 여러 개의 땅을 매입해도 아무런 상관이 없다. 매매가가 5억짜리인 토지를 네 군데 사든 20억짜리 토지를 하나 사든 상관없이 취득세는 동일하다.

그렇다면 보유세는 어떨까? 주택의 경우 매년 7월과 9월에 재산세를 내는데, 기본적으로 당해년도 공시 가격×공정시장 가액비율×세율의 방법으로 계산이 된다. 그리고 12월에는 주택 공시가가 일정 금액이 넘는 경우 종합부동산세를 또 내야 한다. 주택 수가 많아질수록 세율이 6%까지 늘어나 어마어마한 금액을 납부해야 한다.

더 무서운 건 한 번 납부하고 마는 취득세와는 달리 보유세는 매년 납부해야 한다는 것이다. 토지의 경우는 매년 9월에 한 번 재산세를 내면 된다. 토지에 따라 다르지만 대개 공시지가의 0.07%를 내면 된다.

마지막으로 양도세를 살펴보면, 주택의 경우는 차익에 따라서

6~45%까지 적용된다. 2주택자는 일반 세율에서 20%, 3주택 이상자는 일반 세율에 30%가 중과되어 다주택자의 경우는 집을 팔 때도 어마어마한 세금을 내야 한다. 그에 반해 토지는 차익에 따라 6~42%의 양도세가 적용되는데, 비사업용 토지의 경우 양도소득세가 10% 중과된다. 장기 보유한다면 오히려 최대 30% 공제를 받을 수 있어서 양도세를 덜 내기도 한다.

세금적인 특면에서도 토지 투자가 확실히 유리한 면이 있다. 다만 세금에 대한 부분은 정책 변화로 인해 수시로 달라질 수 있어 그때그때 상황을 유심히 살펴봐야 한다. 분명한 건 실생활에 더 영향을 주는 것은 주택 가격이니만큼 주택 시장이 땅에 비해 훨씬 더 세금에 대한 민감도가 높다고 볼 수 있겠다.

어떻게 업그레이드하느냐에 따라 땅의 가치가 달라진다

땅은 사고 나서 되팔 때 다양한 형태로 매매할 수 있다. B급 땅을 싸게라도 사라고 했던 이유도 여기에 있다. 믿기 어렵겠지만 땅도 업그레이드가 가능하다. 살 때 매력적인 땅은 팔 때는 더욱 매력적이다. 어떻게 그런 게 가능한 것일까? 팔 때도 무한한 땅의 매력, 하나하나 짚어보도록 하자.

첫 번째, 땅은 나눠 팔 수 있다. 주택의 경우 집을 팔아야 하면 한 채를 다 팔아야 한다. 방 하나, 화장실 하나, 거실 하나만 따로 팔 수 없다는 말이다. 하지만 토지는 모양에 따라 나눠서 팔 수도 있다. 도로와 붙은 쪽을 기준으로 해서 하나의 토지를 분할해 일부만 팔 수 있다. 3분의 1은 올해에, 또 3분의 1은 내년에, 또 남은 3분의 1은 수년 후에 계획적으로 분할 매도가 가능하다. 도로에 길게 붙은 반듯한 땅이 좋다고 하는 게 단순히 개발적 측면에서 그런 것만은 아니다. 팔 때 분할해 팔기에 적당해서다.

두 번째, 땅은 업그레이드해서 팔 수 있다. 물론 주택도 업그레이드가 가능하다. 도배를 새로 하거나 새시나 조명을 바꾸거나 외관을 손보는 등 인테리어나 리모델링을 통해 집을 더 매력적으로 돋보이게 할 수 있고, 이런 부분들이 집을 되팔 때 분명 도움이 되기도 한다. 하지만 집값에 드라마틱한 영향을 미치지는 않는다.

그런데 땅은 다르다. 땅은 어떻게 업그레이드하느냐에 따라서 가치가 확 달라진다.

그렇다면 땅은 어떻게 업그레이드가 가능하고, 그것이 땅값에 어떤 영향을 미칠까? 먼저 땅에 개발 허가를 받아 내놓는 방법이 있다. 땅을 산 후 "여기에 이렇게 건물을 짓겠습니다"하고 지자체에 허가를 받아놓는 것이다. 보통 토목 사무소를 통해 진행하게 되고, 여기에 설계비나 수수료 등이 나간다. 이렇게 개발 허가를 받아놓으면 확실하게 개발이 가능한 땅이라는 증명이 되는 셈이니 만에 하나 개발이 안 되는 땅일까 봐 안 팔리는 일은 생기지 않는다.

땅 투자를 하는 사람 중에는 단순 투자로 사는 사람도 있지만, 추후에라도 건물을 올리거나 개발할 것을 염두에 두고 사는 사람도 분명 있게 마련이다. 그런 사람들에게는 개발 허가를 받아놓았다는 것이 큰 메리트가 된다. 개발 허가를 받는 데 들어가는 품과 비용을 내가 치르지 않아도 되니 더욱 좋다. 이 경우 토지 명의와 허가권을 함께 내놓으면 보다 높은 가격에 거래될 수 있다.

다음으로 꺼진 땅을 메워서 내놓는 방법이 있다. 대표적으로 토지가 드레스업된 경우인데, 성토(땅을 메우는 작업)를 해서 매도하면 된다. 이런 부류의 B급 땅은 싼 가격에 매입할 수 있다. 싸게 산 후 땅을 매만지면 그보다 높은 가격에 되팔 수 있으니 얼마나 이득인가. 지자체에 따라 다르지만 일정 높이까지는 신고하는 것만으로도 메울 수 있다. 물론 비용이 들어가는데, 경우에 따라서는 비용이 세이브되기도 한다. '흙 받습니다'라고 현수막을 걸어놓으면 흙을 처분할 곳을 찾는 사람으로부터 바로 연락이 온다. 그러면 포클레인 사용 같은 실비용 정도만 들이고도 꺼진 땅을 메울 수 있다. 투자 대비 효과가 크다고 할 수 있다.

측량 후 경계 표시를 확실히 하고 내놓는 방법도 있다. 도시가 아닌 지역의 땅들은 모양이 제각각인 경우가 많다. 지렁이같이 생긴 긴 땅도 있고, 알파벳 'Z' 같은 모양의 땅도 있다. 실제 땅 모양은 좋은데 현장에서는 경계가 애매해서 브리핑하기 어려운 경우도 있다. 토지의 경계만 확실하게 표시되었어도 팔기 훨씬 수월한데, 이걸 할 줄 몰라서 그냥 내버려두는 경우가 종종 있다.

이런 경우는 측량 신청을 해서 땅의 경계점마다 말뚝을 박고 긴 고춧대를 중간중간 박아서 그물을 쳐놓으면 좋다. 누가 봐도 이 땅은 여기서부터 여기까지구나 알 수가 있다. 정보가 확실하니 그렇지 않은 땅보다 매매하기가 아주 수월하다. 측량 시 간혹 옆 땅 주인이 참여할 때도 있는데, 가끔은 옆 땅 주인이 사기도 한다. 정확한 경계 표시만 해도 매매에 도움이 되는 만큼 땅값도 조금 더 불러볼 수 있다.

세 번째, 팔지 않고 대출을 받아도 된다. 더 좋은 투자처가 있어 땅을 팔아 투자를 하려는 것이라면 계획대로 땅을 팔면 된다. 하지만 돈을 사용할 일이 생겨서 파는 것이라면 다른 방법을 생각해볼 수 있다. 특히 땅값이 계속 오르는 지역이라면 땅을 담보로 대출을 받으면 된다.

개발 지역이거나 개발 예정 지역이라면 땅값은 계속 오른다. 오르는 땅을 파는 것만큼이나 아까운 건 없다. 토지 담보 대출이 많이 나오고 신고가로 거래가 많이 일어나는 지역의 경우는 감정평가도 잘 나온다. 개발 허가를 받는 방법으로 가치를 올려서 대출을 더 받는 방법도 있다. 이런 식으로 좀 더 보유하다 보면 수익은 더 커진다. 대출은 그때 털어도 된다.

네 번째, 땅에 건물을 올린 후 내놓으면 된다. 개발 허가만 받아도 땅의 가치가 상승한다는 것은 이미 말했다. 더 나아가 직접 개발한 후 내놓으면 미개발된 원형지 때와는 비교도 안 되는 수익을 거둘 수 있다. 창고만 지어 팔아도 단순 투자자부터 창고 실사용자까지 매수인의 범위가 넓어진다. 신축이기 때문에 시세보다 높은 임대료로 세를 잘 맞춰 놓으면 그 자체로도 수익을 낼 수 있고, 땅을 사려는 입장에서도 수익적인 측면을 직접 눈으로 확인했으니 더욱 매력을 느낄 수 있다.

물론 이 경우에는 리스크도 있다. 인건비나 원자잿값 상승으로 수익률이 떨어지기도 하고, 건축업자를 잘못 만나면 준공일이 늦어지거나 건물 완성도가 떨어질 수 있다. 예상치 못한 추가 비용을 계속 요구해서 건축비가 늘어나기도 한다. 이런 리스크를 줄이기 위해서는 토목 또는 건축 사무소를 고를 때 해당 지역에서 건축을 많이 해본 유경험자의 조언을 구하는 것도 좋다.

환금성이
생각보다 좋다

모든 투자에서 가장 중요한 것은 수익률과 환금성이다. 내가 1억을 투자했으면 1억보다 더 올라서 자산이 늘어야 한다. 또한 내가 원하는 시기에 오른 그 돈을 꺼내어 쓸 수 있어야 진정으로 돈을 번 것이다.

부동산은 금융자산에 비해 환금성이 낮다고 말한다. 주식이든 펀드든 예적금이든 금융자산은 내가 원하면 며칠 안에 현금화할 수 있다. 반대로 부동산의 경우 금융자산에 비해서는 현금화에 시일이 다소 필요한 것이 일반적이다. 우리가 흔히 경험하는 아파트 임대차나 매매 시에도 잔금을 짧게는 한 달에서 길게는 3개월도 잡으니 말이다.

토지의 경우는 어떨까? 우리가 토지라고 하면 떠오르는 것은 바로 '장기' 투자다. 흔히들 땅은 '묵혀두는 것', '10년 20년 가져가는 것'으로 생각한다. 땅은 정말 오랫동안 묵혀둬야 할까? 환금성이 나빠서 여유 자금으로만 해야 할까?

실제로 안 좋은 땅들의 경우에는 10년이 아니라 100년이 지나도 팔아서 현금화하기 어렵다. 아무도 그 땅을 사고자 하지 않기 때문이다. 땅이라는 것은 덩어리도 크고 비용도 많이 들다 보니 마땅한 매수인을 찾기 어려울 때가 분명 있다. 그런데 이런 문제가 생기는 것은 안 좋은 땅을 사기 때문이다. 도로가 없는 맹지, 큰길에서 너무 깊이 들어가야 하는 땅, 기획 부동산에 속아서 매입한 큰 땅의 일부 지분 등 안 팔리는 땅만 골라 샀기에 벌어지는 일이다.

그러나 좋은 땅의 경우 시장에 나오자 마자 바로 팔리기도 한다. 핫한 지역에서는 매물을 구하기도 어려운데, 마침 좋은 가격에 급매물이 나왔다면 투자자들이 가만히 있을까? 필자가 있는 화성의 경우 여러 개발 호재들이 있어서 전국에서 투자자들이 몰려든다. 투자자뿐만 아니라 공장이나 사옥이 필요한 실수요자들도 인근 지역에서 끊임없이 밀려들어온다. 이런 상황에서 좋은 자리에 있는 땅이 좋은 가격에 나왔다면 어떨까? 이런 땅은 계약까지 일주일이 채 안 걸리고, 경우에 따라 며칠 안에 잔금을 치르기도 한다.

좋은 땅은 환금성이 아주 좋다. 환금성이 좋은 정도가 아니라 가만있어도 땅을 팔라고 알아서 연락이 온다. 신도시나 산업단지 개발지와 가까운 땅, 톨게이트나 역사가 만들어질 곳과 가까운 땅, 도로가 넓혀지면서 가치가 올라갈 땅, 도로와 배수로가 잘 갖추어진 땅, 도로에 길게 붙어서 분할 매수하기 좋은 땅 등이다. 이러한 땅은 내놓는 즉시 팔린다. 내가 팔겠다고 말한 적 없어도 부동산 중개 사무소에서 먼저 땅 팔라고 연락을 준다. 혹시라도 이런 연락을 받은 경험이 있는 독자라면 '내가 땅 잘 샀구나' 하고 좋아하면 된다.

좋은 땅은 언제든 팔고 싶을 때 파는 데 전혀 문제가 없다. 좋은 땅은 사게 될 경우, 잔금을 치르기도 전에 웃돈을 주고 내가 바로 살 테니 가계약이라도 먼저 하자는 경우도 심심치 않게 생긴다. 그러니 잘 사기만 하면 이만한 환금성은 찾아보기 어렵다. 오늘 내놓으면 내일 팔리는 물건을 투자하고 싶다면 좋은 땅을 보는 안목을 키워야 한다. 땅 공부를 계속해야 하는 이유가 이 때문이다.

공부한 만큼
수익이 보인다

부동산 투자의 본질은 땅에 있다고 말할 수 있다. 부동산不動産, 말 그대로 "움직일 수 없는 재산"을 말한다. 토지, 건물, 수목 등이 여기에 포함된다. 이 중에서도 가장 움직일 수도 없고 없어지지도 않는 것이 바로 토지, 땅이다. 그런 만큼 땅은 살 때와 팔 때뿐 아니라 가지고 있는 동안에도 계속 공부해야 할 것들이 생긴다. 그리고 그런 경험이 투자의 눈뿐만 아니라 인생의 눈까지 넓혀준다.

자, 생각해보자. 아파트를 살 때 가장 먼저 고려하는 사항이 무엇인가? 아마도 그 지역의 편의 시설이나 향후 아파트 주변에 생길 호재 등일 것이다. 수익형 상가라면 임대료가 제대로 나올 수 있는 곳인지, 앞으로 임대료를 어떻게 높일 수 있는지를 생각하게 될 것이다. 주식 투자도 마찬가지다. 관심 있는 기업의 매출이나 영업이익을 눈여겨봐야 한다.

그런데 단순히 '본다'고 해서 해결될 일일까? 아니다. '안다'는 수준에 이르러야 한다.

'보는 것'과 '아는 것'은 다르다. 아파트든 상가든 주식 투자든 이러한 사실을 아는 수준에 이르러야 제대로 된 투자가 가능하다. 알기 위해서 우리는 공부를 해야 한다. 즉, '안다'는 '공부한다'와 일맥상통한다. 그러니 투자 또한 일종의 지식을 쌓는 일인 것이다.

땅 투자도 마찬가지다. 그런데 땅은 다른 투자보다 챙겨야 할 것들이 너무 많다. 매매 전에는 땅의 모양, 도로 상황, 건축 가능 여부, 해의 방향, 상수도, 배수로, 분할 매수 가능 여부, 경계 설정 등을 살펴봐야 한다. 매매 후에는 땅을 어떻게 이용할 것인가에 따라 다르다. 농사를 지을 요량이라면 농사짓는 법과 농작물의 유통 과정에 대해서 알아야 하며, 집을 지을 요량이라면 건폐율, 용적률, 허가 승인을 위한 조건, 자재 비용, 건축 비용, 인테리어 비용 등을 알아봐야 한다. 상가 건물을 지을 요량이라면 세를 내놓을지, 그렇다면 세를 얼마나 받을 수 있을지 등을 계산해봐야 한다. 땅 하나로 인해 어쩔 수 없이 다양한 분야를 공부하게 되는 것이다.

이 모든 것이 결국 수익과 연결된다. 그런 만큼 하나도 소홀히 해서는 안 된다. 그렇지 않으면 손해를 봐도 할 말이 없다. 텐트를 치고 야영을 한다고 해도 텐트는 어디에 어떻게 땅을 골라 칠 것인지, 불을 어디에 피울 것인지 등을 배워야 한다. 하물며 사고팔며 큰 수익을 낼 수 있는 땅은 말해 무엇 하겠는가.

땅은 사고파는 것으로만 끝나지 않는다. 땅은 그 자체로 무한한 가능성이 있다. 그 땅을 어떻게 이용할 것인지는 전적으로 땅 주인인 나에게 달렸다. 공부하는 만큼 투자의 시야와 인생의 시야가 넓어진다. 땅 투자를 부동산 투자의 끝판왕이라고 하는 데는 다 이유가 있다.

보여주기 좋은 땅이 계획 세우기도 좋다

때에 따라서는 유형의 자산을 보여주는 게 좋을 때가 있다. 가지고 있다는 것을 보여줘야 비로소 실감하게 되는 경우가 있는데, 그중 하나가 바로 땅이다. 자랑해서 시기, 질투를 받으라는 뜻이 아니다. 내가 어디에 어떤 땅을 투자했는지 보여주고 설명할 필요가 있는 사람에게는 그러는 편이 좋다는 말이다. 그런 사람들이 누구일까? 바로 가족이다.

가족끼리는 서로 다 아는 것 같아도 그렇지 않을 때가 많다. 투자에 있어서는 더욱 그렇다. 남편이, 부인이, 자식이 자기 몰래 뭘 사고 빌리고 하는 걸로 싸우는 일이 끊이지 않는 것도 이 때문 아닌가. 이럴 때 터놓고 이야기하면 갈등이 해결되듯이, 유형의 자산은 보여주면서 이야기하면 더욱 분위기가 좋게 흘러갈 때가 있다. 바로 땅이 그렇다.

부부의 경우 배우자와 상의 없이 혼자 와서 토지를 매입하는 경우가 있다. 나중에 그런 사실을 알게 되면 왜 마음대로 땅을 샀냐고 언쟁이 벌어지기도 하는데, 땅을 보여주면 일단 마음이 달라진다. 백문이 불여일견이라고 듣는 것과 보는 것은 생각보다 차이가 있다. 실물로 확인하게 되면 느낌이 다르다.

보통의 남편들은 부인이 자기 몰래 투자하는 것을 경계하는 경향이 있다. 더욱이 땅은 한두 푼 드는 것도 아니니 사기를 당한 건 아닌지, 제대로 샀는지 걱정부터 앞선다. 이럴 때는 먼저 산 땅을 보여주며 이 땅 샀다고 하면 왜 샀냐고 핀잔을 주고 화내는 일이 거의 없다. 오히려 나서서 땅 위를 둘러보기도 하고, 농작물이 잘 자라는 땅인지, 농산물이 맛은 있는지 물어보기도 한다. 땅값 오르는 것이 확실한지 확인도 해본다. 실제로 보니까 기대감이 생기는 것이다.

반대의 경우는 좀 더 구체적인 계획을 세우는 데까지 나간다. 남편이 땅을 샀는데 부인을 데리고 와서 보여주면 부인은 조금 더 꼼꼼하게 챙기며 둘러본다. 카페를 지을 수 있는지, 농작물을 심어서 기를 수 있는지 물어보고, 옆 땅이나 뒤 땅을 더 살 수 있는지도 물어본다.

이렇게 부부가 땅을 보면서 미래를 설계할 수 있으니 얼마나 좋은가. 누구에게나 계획은 있게 마련이다. 하지만 계획은 생각만으로 끝날 때가 많다. 이렇게 눈에 보이는 게 생기면 실체화되는 것이 어렵지 않다.

자식들에게도 마찬가지다. 땅 샀어, 라고 그냥 들려주는 것과 이 땅 샀어, 라고 보여주는 것에는 차이가 있다. 사실 땅 샀다는 말만 들어도 자식들은 좋아하며 끊임없이 질문을 해댄다. 조금 나이가 있는 편이라면 어디 있는 땅인지, 얼마나 큰지, 집을 지을 건지, 다른 사업을 할 건지, 땅 사는 데 얼마나 들었는지를 궁금해한다. 나이가 어린 편이라면 주변에 뭐가 있는지, 놀러 갈 수 있는지, 자기가 먹고 싶은 작물을 심고 키울 수 있는지, 주말 농장처럼 체험할 수 있는지 묻기도 한다. 이렇게 땅 하나로 가족끼리 나눌 화제가 여럿 생기기도 한다.

보통 땅 있다는 이야기를 하면 자식들이 게을러지거나 욕심을 부릴까 봐 꽁꽁 숨기는 경우가 있는데, 그것보다는 자산을 일구어가는 과정을 함께 공유하는 것이 좋다. 노동과 저축 이외에도 소득을 올릴 수 있는 방법을 알려줄 수 있기 때문이다. 또 땅을 통해 가족 사업을 할지, 나중에 집을 지어 함께 살 것인지 등 가족이 함께 미래 계획을 세워볼 수도 있다.

무엇보다 땅은 묘하게도 안정감을 준다. 땅은 웬만해서는 사라지는 일이 거의 없다. 천재지변이나 개발 등으로 인해 모양이 달라질 수는 있어도 땅 그 자체가 완전히 없어지지는 않는다. 따라서 땅이 있다는 건 내가 뿌리 내릴 공간이 있다는 뜻이며, 그것이 든든한 위안이 될 때가 있다. 눈으로 보고 나면 그런 위안이 확신이 된다.

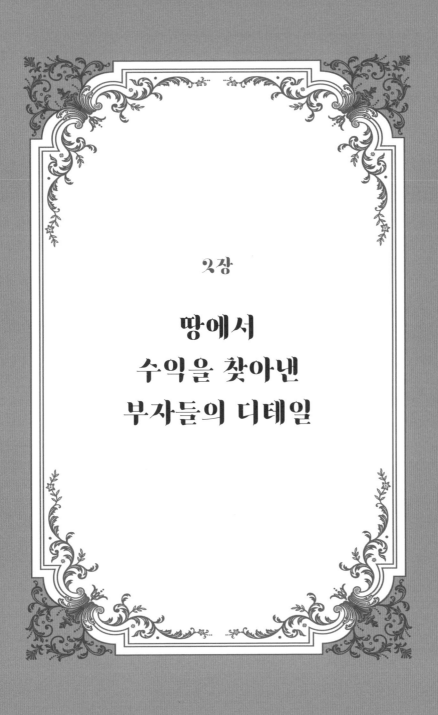

2장

땅에서
수익을 찾아낸
부자들의 디테일

시세차익이 핵심이다

지방 병원 장 원장님의 디테일

지방 중소도시에서 준종합병원을 운영하는 장 원장님은 자타가 공인하는 땅부자로 부동산 중개 사무소의 VVIP 손님이다. 그도 그럴 것이 운영하는 병원 특성상 현금 흐름이 매우 좋은데, 장 원장님은 대개 그 돈으로 땅을 집중적으로 사들이기 때문이다.

장 원장님이 땅을 선호하는 이유는 별다른 이유가 없다. 땅을 안전자산이라고 여기고 있는데다 이미 땅 투자로 성공을 거둔 경험이 여러 번 있기 때문이다. 위험 부담이 적다 보니 땅을 집중적으로 파고드는 스타일인데, 이런 분들이 큰 부자가 되는 경우가 왕왕 있다. 다만 주중, 주말 할 것 없이 진료와 수술 일정이 빡빡하다 보니 본인이 직접 땅을 보러 다닐 시간이 없다는 것이 문제다. 그럼에도 장 원장님의 땅 투자나 매매는 문제없다. 이 점이 참 흥미롭다.

장 원장님의 경우 본인의 부족한 시간을 믿고 맡길 수 있는 대리인을 활용해 보충한다. 일종의 아웃소싱이라고 할까? 몇 차례 거래를 하면서 신뢰가 쌓인 중개 사무소를 전적으로 믿고 거래한다. 대신 필요한 건 꼼꼼히 챙긴다. 현장 답사는 해봤는지, 가서 보니 어땠는지, 구매해도 문제는 없겠는지….

땅을 팔 때에도 마찬가지다. 직접 매수인에게 땅을 보여주고 소개할 시간이 없으니 이 역시 믿고 맡기는 편이다. 대신 몇 퍼센트의 수익을 내고 팔아달라는 주문도 아끼지 않는다. 중개업자로서는 거래가 발생하고 그로 인해 수수료가 생기니 감사한 일이지만, 확실한 수익을 안겨드려야 하니 이만저만 부담이 아닐 수 없다. 정말 좋은 땅을 찾았을 때에만 소개하고, 정말 그 땅을 살 만한 매수인만 안내한다.

장 원장님이 입버릇처럼 하는 말이 있다.

"시세보다 싸게 살 수 있는 땅, 추후 시세차익이 크게 날 수 있는 땅이면 언제든 바로 연락 주세요."

요구 조건이 단순해서 좋다. 매물 정보를 드려도 크게 고민하지 않는다. 대신 매매 전 꼭 한 가지만 더 확인한다.

"투자 가치 확실한 거 맞지요?"

그러면 끝이다. 믿을 만한 사람이라는 판단이 서면 그리고 투자할 만한 땅이라는 확신이 들면 믿고 투자하는 것이 장 원장님의 투자 스타일이다.

가격은 밀당이다

흥정의 고수 대치동 김 여사님의 디테일

서울과 수도권에 아파트와 건물을 여러 채 가지고 있는 자산가인 대치동 김 여사님은 가격 흥정의 달인이다. 토지 매매를 아주 적극적으로 하시는데, 좋은 매물이 나오면 바로 사겠다는 연락을 주고, 이후로도 2~3일에 한 번씩 문자 메시지를 한다. 그러다 진짜 싸고 좋은 매물이 나와서 연락을 드리면 그때부터 김 여사님의 작전이 시작된다. "나는 바로 사려고 했는데 남편이 땅 말고 주식에 넣자네…." 이렇게 투자 상품 자체를 변경하겠다는 뜻을 은근히 내비친다.

이럴 때면 손님의 마음을 돌리기 위한 설득 작업이 들어갈 수밖에 없다. 그렇게 하루 이틀 김 여사님과 밀고 당기기를 하며 토지 구매 쪽으로 마음을 돌려놓으면, 이른바 본격적인 가격 흥정이 시작된다.

"남편한테 겨우 말해서 땅을 사기고 했는데, 아들이 그 땅 알아보더니 너무 비싸다 그러네."

이번엔 아들까지 등장한다. 알고 보면 그 땅은 시세보다 30% 이상 저렴한 특급 매물이다. 아들이 해당 지역 땅값을 중개 사무소만큼이나 알고는 있을까?

"아들이 너무 비싸다고 사지 말라고 하는데, 그래도 얼마까지 해주면 살 생각은 있어."

결국 가격이 맞으면 사겠다는 김 여사님 말에 매도인인 땅 주인과 가격 흥정에 들어간다. 지금도 말도 안 되게 저렴한 가격인데, 다행히 땅 주인이 급전이 필요한 상황이라 이야기가 잘 되었다. 계약 날짜까지 잡았다.

계약 당일, 산 지 20년 넘은 승용차를 타고 온 김 여사님은 그 자리에서 100만 원을 더 깎는다. "남편이 우리 형편에 뭔 땅이냐고, 사지 말라고 했는데 그냥 무시하고 일단 왔어. 그러니 가격도 좀 깎아서 사야지. 안 그러면 나 남편한테 쫓겨나."

거의 연기 대상감이다. 그럴 리 없다는 걸 알면서도 그 능청스런 너스레에 넘어가고 만다. 결국 역대급 가격 흥정이 이뤄지고 김 여사님의 땅 목록은 하나 더 늘었다.

우리 딸아이도 계약자입니다

유치원에 다니는 일곱 살 딸을 둔 오 여사님네는 젊은 부자다. 이 분들은 집안 대대로 부동산 투자를 해왔기 때문에 자연스럽게 땅에 관심을 갖게 됐다. 회사일과 육아로 바쁘다 보니 현장 답사를 여유 있게 다닐 형편은 못 되지만 그래도 땅을 보러 다니는 일에 열심이다. 잊지 않고 틈틈이 전화 연락을 해 좋은 매물이 나왔는지도 확인한다.

그러다 시세보다 저렴한 매물이 나와서 즉시 오 여사님께 연락을 드렸다. 오 여사님은 그날로 딸을 데리고 바로 달려오셨고 함께 땅을 보러 갔다. 다행히 땅이 마음에 들었는지 계약으로 이어지게 되었다.

그런데 특이한 점이 있었다. 계약하는 날 남편과 딸아이가 함께 온 것이다. 당연히 부부 공동 명의로 계약하겠거니 생각했는데, 딸아이까지 포함해서 삼자 공동 명의로 하겠다는 것이다. 뭐 그거야 땅 주인 마음이니 그렇게 하시라고 했다. 그런데 더 놀라운 건 계약 테이블에 딸아이를 앉히는 게 아닌가. 땅 파는 사람 한 명에 땅을 사는 가족 세 명 해서 네 명의 매수인과 매도인이 한 테이블에 앉게 되었다. 그리고 뒤이은 모두를 깜짝 놀라게 하는 말.

"우리 딸아이도 정식 계약자입니다."

맞다. 너무 당연한 말이다. 흔히 아이는 그냥 명의만 올려주면 된다고 생각하는데, 오 여사님네 부부는 달랐다. 아직 딸이 어리지만 정식 계약자로 인정해주고, 남들은 할 수 없는 경험을 이른 나이에 할 수 있도록 도와주고 있었다.

일곱 살 딸아이는 엄마와 함께 땅을 보러 갔고, 자기가 본 그 땅의 매수인이 되어 계약서에 도장을 찍고 대금을 치르는 모든 과정을 지켜볼 수 있었다. 아마도 그 자리에서 일곱 살짜리 아이는 '정식 계약자'라는 부모님 말에 자기가 본 그 땅을 사고 있으며, 자신도 그 땅의 주인이라는 것을 확실하게 느꼈을 것이다.

물론 아직 어린 나이라 땅의 주인이 된다는 것의 의미를 확실히 모를 수도 있다. 하지만 남들과 다른 경험을 일찍 한 만큼 아이가 보는 세상은 한층 더 넓어질 것이다.

아이의 투자 교육을 일찍이 시키는 오 여사님네 부부를 보면서 이런 사람들이 부자가 되는구나 싶었다. 아마 딸도 이다음에 크면 부모님을 따라 땅부자가 되지 않을까.

개발로 수익률을 극대화한다

공장을 지어 파는 임 사장님의 디테일

"땅 사고 공장 지어 팔아서 돈 버는 것만큼 쉬운 일이 없어요."

이런 말을 입에 달고 사는 사람이 있다. 바로 토지 개발 및 분양을 하는 임 사장님이다.

사실 말이 그렇지, 어디 토지를 매입하고 건물을 올리고 임대인을 구하거나 실사용자를 찾아 매도하는 과정이 어디 그리 쉽겠는가. 어느 것 하나 돈 안 들어가는 것 없고, 어느 것 하나 사람 의지가 필요하지 않은 것 없다.

특히 개발 허가와 건축 과정에 소요되는 비용과 노력이 어마어마하다. 건축 자재 가격에 민감하지 못하면 건축비가 상승해 투자 수익률이 급격히 줄어들며, 손실을 보는 경우도 생긴다. 그 외 추가로 들어가는 개발 분담금, 건축 지연으로 인한 위험 부담 등도 신경 써야 한다. 건물을 지어놓고 나서도 문제다. 건물을 빌리거나 살 사람을 찾는 것도 일이고, 대행을 맡겼다고 해도 수수료나 추가 인테리어 등도 챙겨야 한다. 한 번 땅 사서 건물 올려보면 10년 늙는다는 말이 괜한 게 아니다.

그런데 이런 일이 쉽다니, 대충 어떠한 일을 해왔는지 궤적이 그려진다. 아마도 이전부터 토목 및 건축, 부동산 중개업을 해왔을 공산이 크다. 직접 땅에 투자해본 경험도 많을 것이고, 수익률을 극대화하기 위해 개발 일을 시작했을 수도 있다. 어쩌면 주변에 부동산 관련 업을 하는 사람이 있을지도 모른다. 실제로 알고 보니 일하고 있는 건축 사무소가 가족이 함께 운영하는 것이며, 어렸을 때부터 부모님으로부터 부동산 투자에 관한 교육을 직·간접적으로 받아왔다고 한다.

그야말로 물 흐르듯 업에 종사하게 된 경우니 쉽다고 말할 만하다. 어찌 보면 부러운 일이다. 어렸을 때부터 물고기 낚는 법을 자연스레 배웠으니 남들보다 한발 앞서 투자에 눈뜰 수 있었고, 그것이 지금의 성공으로 이어졌을 테니 말이다.

남들은 어렵다는 일은 본인은 쉽다며 즐겨 하고 있으니 이 얼마나 행복한 일인가. 게다가 돈도 벌리니 금상첨화다.

안전이 제일이다

잘하는 일에 집중하는 두 김 사장님의 디테일

돈은 다른 걸로 벌지만 결국 남는 건 땅이라고 말하는 대표가 두 분 계시다. 화성에서 화장품 제조업을 하고 있는 김 사장님과 코인 투자로 큰돈을 버신 또 다른 김 사장님.

제조업을 하고 있는 김 사장님은 과거에 주식, 금, 아파트 등 여러 상품에 투자한 경험이 있는데, 땅을 사고판 경험을 해본 후에는 땅 투자만 한다. 김 사장님의 경우 주로 대기업 납품을 하다 보니 주기적으로 큰돈이 입금되기 때문에 현금흐름이 좋다. 특히 부인분이 감이 좋아, 땅을 한 번만 봐도 될지 말지 빠르게 판단한다. 이거다 싶으면 주저 없이 행동으로 옮긴다. 사업은 남편인 김 사장님 몫이고 투자는 부인분의 몫인 셈이다. 그만큼 분업이 확실하다. 이렇게 손발이 척척 맞는 덕에 점점 더 땅을 불려가고 있다.

또 다른 김 사장님은 최근 코인 투자로 큰돈을 손에 쥐었다. 이제 코인은 그만두고 땅에 투자하려는데, 그 이유가 매우 단순하면서도 명확하다. 사람이 무언가 열심히 해서 돈을 벌었으면 그 돈을 지키려는 습성이 있고, 땅이 제일 믿을 만하다는 것이다.

김 사장님은 말한다. 사람이 주식으로 돈을 벌든, 코인으로 벌든, 제조업으로 벌든, 유통업으로 벌든, 쇼핑몰로 벌든 그 돈이 결국 다 어디로 가겠느냐고. 돌고 돌아 결국 안전자산인 부동산으로 오게 되어 있다고. 그중에서도 베이스가 되는 땅으로 돌아오게 되어 있다고. 일견 맞는 말이다. 그래서 김 사장님은 오늘도 기승전 '부동산' 법칙을 믿고 땅을 사러 온다.

준비된 자가 부자의 기회를 잡는다

대학생 김 군의 얼리 리치 프로젝트

계속 하는 말이지만, 땅 투자는 돈이 많이 드는 일이다. 하지만 돈이 없거나 적다고 해서 땅 투자는 나와 거리가 먼 일이니 관심도 두지 말자 할 필요는 없다. 지금 당장 투자는 할 수 없어도 미리 공부하고 투자 준비는 할 수 있기 때문이다. 대학생 김 군이 바로 그러했다.

김 군은 매우 치열한 삶을 살아왔다. 집안 형편이 딱히 나쁘지는 않았지만 또 그리 넉넉하지 않았던 관계로 고등학생 때부터 아르바이트로 용돈을 직접 마련했다고 한다. 그런 만큼 일찍부터 돈을 많이 버는 방법에 관심이 생겼고, 시간이 날 때마다 도서관에 가서 경제서적을 많이 봤다고 한다. 덕분에 자본 시장과 투자에 대한 이해도를 높일 수 있었다.

군대에 다녀와서는 주식 투자를 시작했는데, 수익도 보고 손실도 나서 결국엔 본전만 남았다고 한다. 이후 다른 투자 상품을 공부하다가 부동산만한 게 없다는 판단을 하게 되었고, 부동산 관련 유튜브를 섭렵했다고 한다.

김 군이 대단한 것은, 보통은 이렇게 투자 공부만 하다가 끝이 나는데 김 군은 행동으로 옮겼다는 점이다. 김 군은 수중에 있는 돈을 긁어모아 3,000만 원을 들고 토지를 매입하고 싶다며 사무실을 찾아왔다. 월세를 내도 보증금이 최소 1,000만 원은 되는 요즘 세상에 3,000만 원으로 살 수 있는 땅이 어디 있겠는가. 하지만 3,000만 원을 들고 찾아온 그 실행력과 용기가 가상해서 그냥 돌려보낼 수는 없었다.

지금 그 돈으로 살 수 있는 땅은 없다, 다만 앞으로 어떻게 하면 좋을지 땅 투자에 대한 걸 조금 더 알려주겠다며 자리에 앉으라고 했다. 소액 투자가 가능한 주거용 오피스텔이나 지방 비규제 지역에 대한 정보도 알려주고, 땅에 투자할 수 있는 주식(리츠)이 있다는 것도 알려주었다. 아울러 기획 부동산이라고 땅을 쪼개 지분으로 판매하는 것도 있는데, 그건 사기를 당하기 쉬우니 꼭 조심해야 한다고 일러주었다.

역시나 투자 공부를 많이 한 젊은 사람답게 잘 알아들은 김 군은 궁금한 사항을 질문도 하며 3시간 이상 이야기를 듣고 돌아갔다. 한창 놀고 싶은 나이인데도 자금을 마련해 부동산에 투자하러 온 모습이 참으로 멋있어 보였다. 그러한 마인드라면 미래에 꼭 큰 부자가 되어 있을 것이다. 그런 상상을 하며 김 군을 배웅했다.

간혹 어떻게 하면 부자가 될 수 있냐는 질문을 하는 청년들을 만날 때마다 김 군의 이야기를 들려준다. 마음이 있다면 하루라도 더 빨리 준비하는 것이 좋기 때문이다.

자신만의 투자 철학을 갖는다

투자가 업이 된 학원 원장님의 디테일

한 손님이 웃는 얼굴로 사무실로 들어선다. 긴 원통 가방을 메고 있는 걸 보니 그림 그리는 사람인가 싶었는데 아니었다. 그가 원통에서 꺼내어 펼쳐 든 것은 다름 아닌 코팅이 잘된 대형 수도권 지도였다.

더욱 눈길을 끄는 건 지도의 상태였다. 지도 곳곳에는 메모가 빽빽했는데, 아마도 현장 답사를 갔던 곳인 듯 싶었다. 현장 사진이 붙어 있는 곳은 가격 흥정까지 진행되었던 모양이었다. 더 놀라운 것은 지도가 하나 더 있었다는 점. 이 지도는 투자하러 온 지역(시 단위)의 상세 지도였다. 투자 지역 지도 위에는 위치별로 질문한 내용들이 정리되어 있었다.

이미 충분하게 공부를 하고 온 터라 별달리 설명드릴 게 많지 않았다. 궁금증이 해소된 손님은 이번엔 지도에 별 스티커를 붙여놓은 데를 같이 가보자고 했다. 위치를 보니 A급 매물이 나온 곳으로 투자 유망 위치였다.

흔쾌히 차를 타고 이동하면서 안내해드렸다. 시간이 길어진 관계로 같이 밥도 먹었다. 대화는 유익했고 재미있었다. 본인은 평생 교육사업을 해온 학원 원장이라고 하는데, 확고한 자신만의 투자 철학이 있었다.

> 공부하는 사람을 이길 수 없다.
> 발로 뛰는 사람을 이길 수 없다.
> 투자 성공은 전문가의 조언과 나의 실행에서 나온다.
> 대화를 통해 상대방이 진짜 전문가인지 파악한다.
> 진짜라는 확신이 든다면 인생의 스승으로 모셔라.
> 전문가를 만날 때에는 빈손으로 가지 마라.

그게 연이 되어 원장님은 여러 번 사무실을 방문했고, 결국 작은 수익형 창고를 매매하게 되었다. 지가 상승이 확실히 예상되는 위치로 월세 수익도 높았고 내부 시설이 잘 꾸며진 곳이었다. 결정적으로 시세보다 20% 이상 저렴하게 매수할 수 있었다.

'그런 게 어디 있어?' 이렇게 생각할 수 있다. 그런데 정말 우연찮게도 그런 매물이 나왔고, 준비된 이 원장님이 가져갔다. 그분의 투자 철학 때문에 가능했던 일이다.

지금 원장님은 은퇴 후 타 지역에서 부동산 중개 사무소를 운영하며 직접 투자도 꾸준히 하고 있다. 땅에 대한 투자 공부를 열심히하다 보니 돈도 벌고 새로운 직업도 찾게 된 케이스다.

투자는 궁합이다

콤비 플레이에 정통한 두 여사님의 디테일

목포에 사는 정 여사님은 집에서 재테크를 담당하고 있다. 그중에서도 정 여사님이 주로 하는 일은 토지 투자다.

정 여사님의 남편은 소아과 의사로, 남편 병원이 친절하고 진료를 잘한다는 소문이 나서 환자가 제법 있는 편이라 현금흐름이 좋다고 한다. 병원이 잘되어 의사인 남편이 바쁜 탓에 토지를 보고 매매하는 일은 정 여사님의 몫이다.

수억에서 십수억이 넘는 돈을 투자하는데도 남편에게 의논하는 전화 한 통 하지 않는다. 남편분과 상의해야 하지 않느냐고 물으면 어차피 남편이 땅 보러 올 수 있는 것도 아니고 전화해봐야 진료에 방해만 될 뿐이라며 투자는 전적으로 자신에게 맡기는 편이라고 한다. 각자 잘하는 일에 몰두하는 것이다.

고가의 스포츠카를 타며 한껏 멋을 부리고 다니는 분당의 김 여사님은 정 여사님과는 달리 땅에 대해서는 아무것도 모른다. 대뜸 땅 120평 살게요, 라고 말할 정도로 토지 매매에 문외한이다. 그럼에도 걱정이 없는 건 건축업을 하는 동생이 있기 때문이다. 건축업을 하는 만큼 토지에 있어서는 전문가다.

김 여사님이 토지에 대한 브리핑을 듣고 현장을 보고 가면, 하루 정도 지나서 여지없이 동생분한테 전화가 온다. 전문적인 이야기는 이때부터 시작된다. 주변 시세부터 건축이 가능한지 여부, 호재거리, 도로 상황 및 배수로 여부 등 해당 토지에 건축 행위를 하는 것이 문제없는지에 대한 이야기가 집중적으로 오간다.

김 여사님은 땅을 보러 올 때마다 돈은 내가 내지만 결정권은 동생에게 있다고 이야기하는데, 정확히 그대로다. '나는 땅에 대해 전혀 모르지만, 이 분야의 전문가가 내 가족이니 아무거나 떠넘길 생각하지 말라'는 확실한 메시지를 전한 것이다. 그것이 동생분과의 통화로 확정이 된다.

땅은 김 여사님이 보고 분석과 결정은 동생이 하고… 그야말로 환상의 콤비가 아닐 수 없다.

레버리지를 활용한다

대출을 두려워하지 않는 회계사의 디테일

회계사는 돈에 익숙하다. 그도 그럴 것이 회계사가 하는 일이 무엇인가? 돈의 흐름을 파악하는 일 아닌가. 개인이나 기업 등의 경영 상태, 재무 상태, 지급 능력 등을 상담해주고 관련 서류를 만드는 일을 하는 사람이 회계사다. 경영 자문도 하고 세무 상담, 세무 소송 등의 세무 업무도 한다. 돈의 흐름을 잘 파악해 고객의 새는 돈을 잘 막아주어야 하는 게 회계사가 하는 일이고, 그래야 능력이 뛰어나다는 평가를 받는다.

그래서인지 회계사의 토지 투자 방식은 조금 다르다. 땅 투자를 하고 싶다며 찾아온 이 회계사. 늘 하던 대로 투자금이 어느 정도인지 물어봤는데, 돌아온 답변은 이랬다. "돈이야 어디서든 빌리면 되니까 진짜 좋은 걸로만 소개해주세요. 투자는 원래 남의 돈으로 하는 거죠."

회계사님은 레버리지를 통해 최소한의 자기자본으로 투자하면서 수익을 극대화했던 경험이 많은 분이었다. 10억짜리 건물을 자기 돈 1억 들여 매입해 길지 않은 시간 안에 20억에 되판 경험도 있다고 한다.

사실 이런 말을 듣는 게 특별한 일은 아니다. 회계사를 비롯해 은행원, 세무사, 건축업자, 부동산 중개업자 등 특정한 직업군에 종사하는 투자자들은 간혹 이런 말을 한다. 금융권 직원이나 토지 투자 및 개발 관련 업종에 있는 사람들은 이렇게 레버리지를 활용한 투자에 익숙하다.

대출 등 돈을 빌려 투자하는 것을 두려워하는 부류의 사람들이 있는 반면 적극적으로 활용하는 투자자들도 있다. 대출을 했을 때와 안 했을 때의 이자 비용, 취득세, 보유세, 양도세, 각종 수수료, 수익이 나는 기간 동안 돈이 묶였을 때의 기회비용까지 비교해가며 투자하는 시간과 돈의 흐름에 밝은 사람들이 있다. 돈과 친한 일을 하면서 돈을 무서워하지 않고, 자연스레 빌린 돈으로 투자하는 것에도 익숙해진 케이스라고 볼 수 있다. 이런 사람들이 적극적으로 투자를 하면 자산이 금세 몇 배로 불어난다.

땅에도 점수를 매긴다

김 선생님의 매물 분석 디테일

어느 날 30대 젊은 부부가 사무실에 찾아왔다. 한참 이야기를 나누다 보니 남편분의 인상이나 점잖은 말투가 꼭 공무원이나 교사 같은 느낌이 들었다. 아니나 다를까, 남편분은 고등학교 교사라고 한다. 이후 김 선생님은 주말마다 사무소를 방문했다. 주로 부인과 같이 왔지만, 한번은 동생을 데리고 오기도 했고, 간혹 혼자 오는 때도 있었다.

다만 땅을 보여드릴 때마다 이건 아니다, 이것도 아니다 하며 부정적 의견만 내는 터라 진짜 땅에 관심이 있는 건지 의문이 생겼다. 어쩌면 실제 매매 의사는 없을지도 모른다는 생각도 들었다. 방문도 어느 날부턴가 점점 뜸해지기에 땅 사는 걸 포기했구나 싶었다.

그런데 두 달쯤 지나서였을까? 김 선생님이 다시 방문했다. 그

동안 봤던 땅들에 대한 이야기를 나눴고, 김 선생님은 노트 한 권을 꺼내고는 자기가 땅 구매를 망설인 이유를 설명해주었다. 직업적 특징인 걸까, 노트에는 현장 답사한 토지들의 특징이 하나하나 기록되어 있었다.

아울러 토지에 대한 점수표도 있었다. 필요한 기준을 몇 가지 설정해 각 항목마다 100점 만점을 기준으로 하고, 평균 점수가 80점 이상이어야만 거래를 하겠다고 생각했다는 것이다. 항목을 보니 위치, 모양, 용도, 경사도, 평 단가, 허가 사항과 같은 어느 정도 객관적 판단이 가능한 것이 있는가 하면, 첫 느낌, 농작물의 상태, 흙 고르기, 주변 사람들의 인상, 현장 답사하던 날의 날씨 등 주관적 판단이 개입되는 것들도 있었다.

예를 들어 위치는 80점, 평 단가는 70점, 농작물의 상태는 50점, 당일 날씨는 90점이라고 한다면 평균 점수는 72.5점이다. 그러면 이 땅을 사지 않겠다는 것이다. 그런데 이분의 평가 방식에 따른다면 평균 80점이 넘는 땅이 절대 나올 수가 없다. 정말 좋은 위치에 예쁘게 생긴 땅이 아주 싸게 나와야 하며, 농작물은 싱싱한 상태를 유지해야 하고 당일 날씨도 아주 좋아야 한다. 이게 과연 가능한 일일까?

나름의 평가 기준을 세워 매물을 분석하는 것은 굉장히 유용하며 현명한 방식이다. 하지만 어느 정도 현실을 반영한 가중치가 있어야 한다. 특히 주관적 점수 부분은 개인의 그날 컨디션이나 기분에 따라 달라질 수 있는 부분이다. 이는 좋은 땅을 나쁘게 평가하는 것뿐만 아니라 나쁜 땅을 좋게 평가할 수 있는 요소가 될 수 있다. 게다가 몇몇 항목은 비전문가가 판단을 내리기에는 정보가 부족해 오류를 낳을 공산도 컸다.

일단 농작물 상태나 당일의 날씨 같은 주관적 평가 항목은 빼는 게 좋겠다고 말씀드렸다. 위치는 투자를 희망했던 지역이라면 가중치를 주어 90점 이상을 주고, 모양은 도로 쪽으로 길게 붙은 직사각형 모양을 100점으로 기준 잡아 점수를 매기는 게 좋겠다고 권했다. 경사도나 그에 따른 허가 사항은 지역 토목 사무소나 시청 허가과에 가서 확인해야 알 수 있는 부분이니 다음부터는 현장 답사 때 토목 사무소에 들러 개발 허가 가능 여부까지 알아보실 수 있도록 해드리겠다고 했다. 그러고는 혼자만 점수를 매기지 말고, 동행한 부인이나 동생 그리고 나까지 포함해 함께 점수를 매겨보자고 했다. 이후로는 현장 답사 후에 이런 과정을 거쳐 채점표를 공유해주셨고, 결국 괜찮은 곳에 시세보다 저렴한 가격의 땅을 매입할 수 있게 되었다.

김 선생님처럼 기준을 두고 평가해서 결정하는 것도 좋은 방법이다. 그 판단이 너무 주관적인 느낌에 좌우되지만 않는다면 말이다. 이런 손님도 있다는 것에 놀라기도 했지만, 덕분에 또 하나 배울 수 있었다.

한 번 사면 팔지 않는다

등기권리증 수집가 박 회장님의 디테일

최고급 대형 세단이 들어와 선다. 차 뒷문이 열리고 중절모를 쓰고 멋진 나무 지팡이를 짚은 나이가 지긋한 분이 내린다. 바로 80대의 부동산 부자 박 회장님이다.

박 회장님은 과거 강남역 쪽 땅을 샀을 정도로 오래전부터 토지 투자를 하고 있는 분으로, 목뼈와 성대 수술을 해서 움직임이 많이 불편한 상태였다. 목소리도 갈라지고 얼굴의 근육도 움직임이 부자연스러웠지만 눈빛만큼은 또렷한 것이 그래도 즐겁다는 표정이었다. 수십 년째 땅을 보러 다니지만 아직도 현장 답사를 갈 때면 흥분되고 떨리신단다. 투자 지역 지도를 보고 있으면 마치 보물 지도를 보는 느낌이라고…. 그 말을 듣고 사무실의 매물 표시 지도를 보니 그런 것도 같았다.

오랫동안 땅 투자를 하신 만큼 박 회장님은 본인만의 확실한 투자 철학이 있다.

첫째, 시골인데 산업화·도시화가 이뤄지고 있는 지역

둘째, 개발 지역이 눈에 보이는 거리에 있는 토지

셋째, 톨게이트가 생기는 곳의 주변

넷째, 도로에 길게 붙어 있는 모양의 땅

다섯째, 주변 1시간 이내 신도시가 들어선 곳과 비교해봤을 때 땅값이 10분의 1 정도일 것

그리고 일단 땅을 한 번 사고 나면 최소 20년간 팔지 않는다. 이를 통해 박 회장님이 얼마나 장기 투자를 하는지 알 수 있다. 이것이 박 회장님의 전략이다.

박 회장님은 부동산은 파는 게 아니라고 한다. 가격이 좀 올랐다고 팔고 또 사고 하면 중개료나 양도소득세 같은 거래 비용만 계속 발생한다. 수익이 난다고 해도 해당 지역 다른 땅도 똑같이 올랐기 때문에 같은 지역에 같은 입지를 또 살 수는 없는 법이라고 했다. 좋은 땅은 계속 오르기 때문에 안 팔 수 있으면 끝까지 안 파는 것이 박 회장님의 투자 철학이다.

땅을 사기만 하고 팔지 않으면 돈 나올 데가 없는데, 대체 박 회장님은 어떻게 계속 땅을 살 수 있는 것일까? 일단 땅 말고도 수입

을 얻는 곳이 있다. 박 회장님은 1970~1980년대에 영등포에서 조그마하게 철강업을 하셨는데, 고도 경제 성장기 때 사업장이 커지면서 큰돈을 버셨다고 한다. 회사는 지금 자녀들이 운영하고, 박 회장님은 명예회장 자격으로 아직 회사에 적을 두고 있다고 한다. 사업이 잘되어 돈이 모일 때마다 돈이 쌓여 있는 게 불안해서 전국을 돌아다니며 땅을 보고 사들이기 시작하셨다는데, 언뜻 고개가 갸웃거려진다. 돈을 버는 것은 쓰기 위함인데 계속 투자만 한다니… 어디서 쓰는 즐거움을 찾는단 말인가.

박 회장님에게는 부동산을 사는 것이 곧 돈 쓰는 즐거움이다. 박 회장님에게는 미술품을 사서 벽에 걸어놓고 감상하는 것과 부동산을 사서 등기권리증을 펼쳐놓고 보는 일이 다르지 않다. 땅을 사들이는 데 기쁘게 돈을 쓰다 보니 어마어마한 자산가가 될 수 있었던 것이다.

투자에 즐거움을 더한다

함께 '땅' 투어 다니는 대가족의 디테일

어느 토요일 오전, 여러 사람이 한꺼번에 우르르 사무실로 들어왔다. 젊은 부부 두 쌍, 노부부 한 쌍, 노년의 여성분 한 명 해서 총 일곱 명이었다. 어떻게들 이렇게 같이 다니시느냐고 관계를 물어보니 젊은 여자 한 분이 대답했다. 본인 부부와 시동생 부부, 그리고 시부모님과 시이모님(시어머니 동생)이라고 했다.

인원도 인원이지만 가족들이 다들 어찌나 말이 많고 자기주장이 강하던지 사무실에 있는 내내 너무 시끄러워서 귀가 먹먹해질 지경이었다. 하긴 일곱 명이 돌아다니면서 한 마디만 보태도 벌써 일곱 마디니 그럴 만도 하겠지만 말이다.

이들이 이렇게 함께 몰려다니는 이유는 간단했다. 시아버지가 젊었을 때부터 땅 투자로 수익을 낸 경험이 많은데, 그걸 배우는 참이라고 했다. 마침 시동생 부부도 사업이 잘되어서 여윳돈으로 투자처를 찾던 중이었고, 시이모님도 집을 팔고 생긴 돈이 있어 다 함께 시아버지의 토지 투자 노하우를 배워보자 발 벗고 나섰다고 한다. 안 그래도 틈만 나면 시아버지가 가족들에게 땅 사서 돈 버는 법을 알려주겠다고 했었단다.

일곱 명이 차 세 대로 와서는 커피 달라 과자 달라, 덥다 춥다, 비싸다 싸다, 깎아주면 산다 깎아줘도 안 산다, 시끌벅적 너무 말이 많아서 정신이 하나도 없었다. 시아버지가 땅을 좋게 평가하면 나머지 사람들이 단점을 지적하는 토지 평가의 시간도 굉장히 길었다. 시아버지의 노하우를 배우기는커녕 배가 산으로 가고 있었다. 몇 시간을 그렇게 아웅다웅하며 땅을 보러 다닌 후에 다시 연락을 준다 하고 다 같이 밥을 먹으러 휭하니 가버렸다. 그날 내내 다시 연락이 없어 매매 생각은 없나보다 했다.

다음 날 아침 11시쯤에 어제의 일곱 명이 그대로 다시 방문했다. 어제 저녁 식사는 잘 하셨는지, 다시 오시는 길이 힘들지는 않았는지 물었더니 집에 가지 않고 근처 호텔에서 잤다고 한다. 이렇게 주말에 땅을 보러 다닐 때는 가족여행을 한다는 기분으로 다니며, 이미 여기 호텔에 예약을 하고 온 길이라는 답변이었다. 맛집과 관광 코스 조사는 필수.

그래서 그렇게 들뜨고 흥분된 느낌이었구나… 이해가 되었다. 현장 답사를 주도하고 있는 시아버지는 땅 보러 다니는 것도 즐겁게 해야 투자 성과가 좋다는 것을 가르치고 있었다. 투자 지역까지 가려면 때로는 먼 길을 갈 때도 있는데, 혼자 가는 것보다 여럿이서 함께 가면 더 재미있고 투자도 잘된다고 생각하셨다. 현장에서 땅만 보고 오는 게 아니라 지역 맛집도 들리고, 좋은 숙소에서 묵으면서 여행하는 기분으로 다녀야 시야도 넓어지고 좋은 땅을 고르는 안목도 생긴다는 것이었다.

사람들은 보통 여행할 때 휴식이나 놀거리를 기준으로 삼는데, 이 가족은 땅을 보러 다니는 것이 추가되어 주요 일정 중 하나가 되었다. 여행을 하면서도 생산적인 활동을 하고 있는 것이 참 좋아 보였다. 세금 측면에서도 공동 투자가 유리하니 가족 투자가 낫다는 이야기도 했는데 맞는 말이다.

질문을 부끄러워하지 않는다

월세부자 장 사장님의 디테일

시장에 납품하는 과일, 육류, 생선류 등을 보관하는 대형 창고를 여러 개 보유한 장 사장님은 한 달에 들어오는 월세만 억 단위가 넘는다. 그런 만큼 창고 관리에만 신경 쓰기에도 여력이 없을 텐데 땅 투자 공부도 참 열심히 하신다. 특히 질문이 많다. 땅 투자하는 데 있어 질문이 많은 건 당연한 것 아니냐 반문할 수도 있다. 하지만 장 사장님은 단순히 질문이 많은 데서 그치지 않는다.

장 사장님은 사무실에 방문할 때마다 A4 용지에 궁금한 사항, 질문할 것들을 쭉 정리해서 오신다. 그리고 그걸 하나씩 다 물어보신다. 땅에 관련된 질문만 있는 게 아니다. 이 땅을 몇 명이나 봤는지, 땅을 본 사람들의 반응은 어땠는지, 땅을 내놓은 지는 얼마나 됐는지, 땅 주인은 왜 팔려고 하는지, 이 땅을 사서 나중에 팔려고 할 때

뭐라고 설명하면 좋을지 등 땅을 둘러싼 다양한 이야깃거리나 미래 계획까지 묻는다. 이런 것까지 궁금해하는 사람이 있구나 싶을 정도다.

더욱 특이한 점은 본인이 궁금해하는 것이 해소가 안 되었거나 걸리는 점이 있으면 보류하고 다른 물건을 찾아달라 하고 돌아가는데, 그런 것들이 모두 해소가 되면 두말 않고 바로 그날 계약을 하고 간다는 것이다. '어라? 오늘 보고 오늘 바로 계약한다고? 뭔 땅을 이리 쉽게 사?' 의아함이 생길 법도 하다. 나도 처음엔 그랬다.

시간이 흘러 바쁜 장 사장님 형편상 그럴 수밖에 없다는 사실을 알게 되었다. 사업 때문에 주말도 없이 창고 관리와 물품 관리를 하다 보니 중개 사무소 한 번 오는 것도 장 사장님에게는 일이었다. 그럼에도 땅 투자는 해야겠고, 시간을 아끼면서 투자를 할 수 있는 방법을 생각하다 보니 나온 나름의 해결책이었던 셈이다. 다시 말해 시간과 형편상 한 번에 끝내려고 그렇게 철저히 준비해 오시는 것이었다.

장 사장님의 수많은 질문에는 이러한 의도가 숨어 있었다. 필요한 사항들은 미리 정리해 지속적으로 고민하고, 해소가 되면 바로 결론을 내릴 준비를 해서 오는 것이다. 아마 관리하는 수많은 창고도 이러한 철두철미함 때문에 얻어진 것이 아니었을까? 장 사장님을 통해 이런 투자 스타일도 배워볼 만하다고 느꼈다.

무속인도 땅은 전문가에게 묻는다

어느 날, 깜짝 놀랄 만한 외모의 손님이 사무실로 들어섰다. 50대 중후반으로 보이는 여성으로, 진한 화장과 화려한 헤어스타일에 한 번 놀랐고, 길게 자란 손톱에 또 한 번 놀랐다. 관리자로 보이는 운전기사와 제자라고 부르는 젊은 여성도 동행한 참이었다.

부동산 중개업이라는 게 사람을 만나는 일이다 보니 딱 감이 왔다. 중개업자라면 열에 아홉은 이 손님이 무속인이라는 것을 알아봤을 것이다. 아마도 팀으로 움직이는, 장사 잘되는 점집을 운영하는 것으로 보였다. 본인 입으로는 딱히 어떤 일을 한다고 말은 안 했지만, 용인에 살고 있으며 동종 업계에서 제일 잘나가는 사람이라는 정도는 귀띔해주었다. 대충 내가 이러한 사람이고 투자금도 많으니 너무 걱정 말라는 뜻이었다.

무속인은 내가 좋은 땅이라고 점찍어주고 사라고 하면 살 손님들이 줄을 선다고 했다. 그러면서 가방에서 서류를 몇 개 주섬주섬 꺼내는데, 아마도 우리 사무실에 오기 전에 다른 곳을 몇 군데 다녀온 모양이었다. 소개받은 땅의 자료를 서너 개 꺼내놓으면서 이렇게 묻는다. "이 땅, 사도 될까요?" "이 땅은 시세보다 싼 거예요?" 조금 특이한 질문도 한다.

"이 땅의 기운이 어떤 것 같아요?"

"이 땅 주인은 남자예요, 여자예요?"

이런 건 제가 손님에게 물어봐야 하는 것 아니냐고 농담 반 진담 반으로 이야기하니, 아무리 내 직업이 그런다 한들 전문가에게 물어볼 것은 물어봐야 한다는 답변이 돌아온다. 참 묘했다.

질문하시는 상황들에 대해 성심성의껏 답변해드리고, 추가적으로 필요한 부분에 대해서는 이런저런 정보들도 드렸다. 추후에 다른 곳에서 토지 매매를 진행했다고 연락이 왔다. 보니까 여러 개의 땅을 매입하셨는데, 안타깝게도 되팔기 어려워서 사면 안 되는 땅들을 시세보다 높은 가격을 치른 상황이었다.

땅 사러 오는 사람들 중 간혹 최종 결정을 무속인에게 물어보는 경우가 있는데, 이렇게 무속인도 땅에 대해 잘 모르면 큰일을 치른다. 땅은 땅 전문가에게 물어봐야 한다. 어쨌든 실패로 끝나긴 했지만 무속인도 자산을 불리기 위해 땅에 투자하러 온다.

2부

땅부자들에게 배우는 토지 투자 불패의 원칙

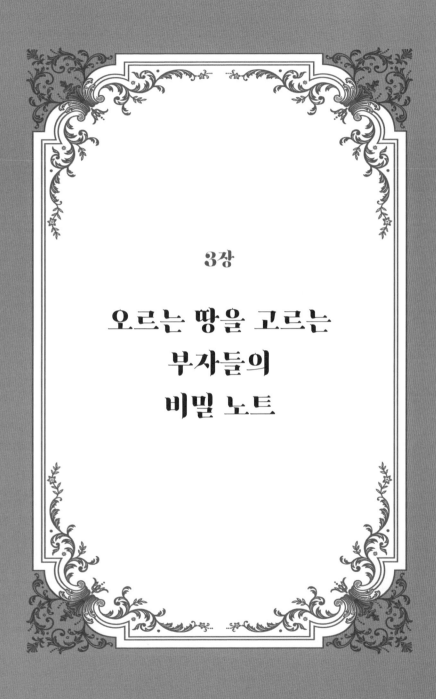

3장

오르는 땅을 고르는 부자들의 비밀 노트

파는 사람이 없는 지역의 땅값이 오른다

땅은 가격이 오르는 지역의 땅을 사야 한다. 너무 당연한 이야기 아니냐고? 그런데 의외로 이 부분을 생각하지 않고 매입할 땅을 선정하는 경우가 은근히 많다. 내가 어렸을 때 살았던 동네라서, 여행을 갔는데 먹을거리와 놀거리가 많은 곳이어서, 지인이 샀으니 나도 따라서, 유명인이 투자를 했다는 소리를 들어서 등 예를 들면 이렇다.

몇 번이고 말하지만 땅 구입에는 큰돈이 들어간다. 그런 만큼 살 땅을 이런 느낌으로 판단하고 결정해서는 안 된다. 땅뿐만 아니라 모든 투자 상품이 그렇다. 현재 개발되고 있거나 향후 개발 가능성이 있는 지역, 땅값이 오를 것으로 여겨지는 곳의 땅을 사야 한다.

개발 호재가 있는 곳의 땅값이 오를 것이라는 것은 누구나 예상할 수 있다. 어디 예상뿐이랴. 정보가 넘쳐나는 시대에 살고 있어서 발품이 아닌 손품만 조금 팔아도 현재 개발 중인 지역이 어디인지, 향후 개발될 지역이 어디인지 쉽게 알 수 있다. 개발의 정도와 실거래 가격까지 빠르게 알 수 있기 때문에 시세도 알기 쉽다.

하지만 예상은 어디까지 예상일 뿐, 실제로도 그럴 것인지 가능성만 있는지는 다각적으로 살펴보고 판단해야 한다.

그렇다면 앞으로 실제로 가격이 오를 지역이 어디인지 어떻게 알 수 있을까?

일단 땅을 살 사람이 많은 곳인지 아닌지를 보면 된다. 모든 재화의 가격은 수요와 공급으로 결정된다. 살 사람이 많고 팔 사람이 없으면 가격은 무조건 오른다. 시중에 돈이 많고 어떤 분야든 돈이 된다는 소식만 있으면 투자 수요는 넘쳐난다. 그렇다면 수요와 공급, 즉 살 사람이 많은지 팔 사람이 많은지를 확인하면 된다. 개발 호재가 있으면서 팔 사람이 없는 지역, 이곳이 바로 가격이 오르는 지역이라고 볼 수 있다.

그렇다면 이를 어떻게 판단할 수 있을까? 일단 부동산 매물 정보 사이트에 들어가 보자. 이왕이면 가장 이용자가 많고 활성화되어 있는 앱을 활용하면 좋다. 들어가서 눈여겨본 지역의 매물 정보 말고 중개사로 선택해 검색해보는 것이다. 그러면 해당 지역의 부동산 중개 사무소들이 좌르륵 지도에 표시된다. 너무 안쪽에 있는 곳은 제외하고, 톨게이트 앞쪽이나 큰 대로에 위치한 곳들을 하나하나 클릭해보자. 그러면 등록된 매물 개수를 알 수 있는데, 개중 가장 매물이 많은 한두 곳 위주로 전화해서 예약을 잡고 방문하면 된다.

다다익선이라고 이왕이면 많은 사무소를 방문하고 싶겠지만, 땅은 브리핑 시간도 오래 걸리고 보러 가는 데도 시간이 좀 걸리는 터라 여러 곳을 한날에 방문하는 것은 한계가 있다. 하루에 세 곳 정도만 다녀도 체력이 고갈된다.

시간 여유가 있다면 2주에 걸쳐 열 곳 정도 다녀보는 걸 추천한다. 너무 시간과 노력이 많이 드는 것 아니냐고 할지 모르겠지만, 큰 돈을 가지고 하는 투자이고 잘되면 수익도 몇십 배로 돌아오니 이 정도 열정을 가지고 임하는 것이 좋다.

예약할 때는 내가 해당 지역에 관심이 많다는 것과 투자 금액이 어느 정도 되는지도 알려주는 것이 좋다. 그래야 사무소에서 실수요 투자자임을 인지하고 그에 딱 맞는 실매물을 소개해줄 수 있다.

중개소 분위기로 알아보는 투자해도 되는 곳과 아닌 곳

예약을 잡고 부동산 중개 사무소를 방문했을 때, 사무소의 분위기를 보면 투자를 해도 되는 지역인지 아닌지가 어느 정도 보인다. 투자자가 많아 곧 가격이 오를 지역의 사무소들의 특징은 다음과 같다.

방문 예약 자체가 어렵다

전화 연락이 안 되거나 겨우 연락이 닿아도 예약이 다 차 있어서 방문이 어려운 경우. 그만큼 바쁘다는 뜻은 굳이 부연 설명을 안 해도 될 것이다.

사무소 소장이 불친절하다

사실 서비스업은 친절이 기본이지만 손님이 많아 바쁜 곳은 소장이 바빠 정신없는 경우가 종종 있다. 오는 손님도 많고 오는 전화도 많기 때문이다.

좋은 매물이 없다

어렵게 예약을 잡고 갔는데도 좋은 매물이 없다면서 투자 지역 브리핑만 해주고 다시 연락주겠다고 하는 경우. 혹은 예약까지 하고 갔는데 안 좋은 땅만 보여주는 경우. 오르는 지역의 좋은 땅은 팔려고 하는 사람이 없기 때문이다.

기획 부동산이 많다

콜센터처럼 여직원이 쭉 앉아서 전화 통화를 하고 있는 경우 큰 땅을 싸게 사서 지분으로 나눠 비싸게 파는 기획 부동산일 공산이 크다. 이런 곳은 투자자가 몰리는 곳으로 옮겨 다니면서 작업한다.

거래된 지 얼마 안 된 땅을 사라고 한다

좋은 매물이 없어서 매매된 것을 다시 팔라고 해서라도 매물을 확보해야 하는 상황이기 때문에 벌어지는 일이다. 땅 주인은 샀을 때보다 가격이 이미 올라 단기간에 수익을 내는 셈이다.

이와 반대로 가격이 오를만한 호재가 없어서 투자자들이 찾지 않는 지역의 사무소들의 특징은 다음과 같다.

바로 예약과 미팅이 된다

사려는 손님이 없어서 부동산이 한가하다. 한 명이라도 매수자가 나타나면 고마운 상황인 것이다.

괜찮아 보이는 땅을 많이 보여준다

톨게이트 근처나 큰 도로변에 있는 땅들도 거래가 안 되어 안 팔리고 오랫동안 매물로 남아 있다.

신규 중개 사무소가 없다

투자자가 몰리거나 거래가 활발한 지역이 아니기 때문에 새롭게 개업하는 부동산이 없다. 거의 30년 이상 된 부동산들만 드문드문 있다.

급등할 지역이라면
중도금을 걸어라

개발 지역 주변의 땅은 가격 상승 속도가 가파르다. 오를 때에는 단기간에 몇 배씩 상승한다. 투자자가 몰리면 부르는 게 값이기 때문이다. 특히 아파트나 대형 쇼핑몰 등이 만들어질 때 반드시 필요한 위치의 땅은 시세의 몇 배가 되어도 거래가 성사된다.

이렇게 빠르게 땅값이 폭등하는 지역은 계약할 때 중도금을 거는 편이 좋다. 매매 대금을 어떻게 나눠서 송금할지는 법으로 딱히 정해진 것이 없으니 매수자와 매도자가 합의하에 결정하면 된다. 계약금 10% 잔금 90%로 하는 경우도 있고, 계약금 10%, 중도금 40%, 잔금 50%로 하는 경우도 있다. 다만 중도금을 걸 때에는 계약금과 중도금의 합을 매매 대금의 50%에 맞추는 것이 일반적이다.

땅 매매에 있어서 중도금이 꼭 필요한 것은 아니지만, 그럼에도 가격 폭등이 예상되는 곳에 중도금을 거는 게 좋다는 이유는 다른 게 아니다. 중도금을 걸지 않았을 때 매도자가 일방적으로 계약을 파기하는 경우가 생기기 때문이다. 물론 계약금의 배액을 물어줘야 하지만, 땅값이 빠른 시간에 급격히 오르는 상황에서는 그렇게 계약을 파기해서 배액을 물어주는 편이 장기적으로 이득이라고 생각한다.

예를 들어, 매매 대금이 5억이고 계약금으로 5,000만 원을 받은 상태라고 하자. 잔금을 치르기 전 다른 곳에서 땅 주인에게 8억을 받아줄 테니 1억 물어주고 다른 데 파는 게 어떻겠냐고 한다면 땅 주인으로서는 당연히 고민할 수밖에 없다.

매수자야 땅 계약했다가 파기한 대가로 5,000만 원을 벌었으니 손해 난 장사는 아니라고 생각할 수 있는데, 이 땅 가격이 점점 더 가파르게 상승해 나중에 30억이 되었다면 어떨까? 계약 파기로 받은 5,000만 원은 댈 것도 아니다. 5억으로 25억을 벌 수 있는 기회를 놓친 것과 다름없다.

이런 불상사를 막기 위해 중도금을 걸라는 이야기다. 중도금까지 치렀다는 것은 매매를 하겠다는 확실한 의사 표현인 셈이고, 중도금까지 치른 계약을 파기할 만한 배짱을 가진 땅 주인은 없다. 계약일에 계약금을 치르고, 최대한 빠른 시일 내에(일주일 전후) 중도금을 치르는 것이 좋다.

살까 말까 망설여진다면
찜이라도 해라

매물을 보고서 고민이 될 때가 있다. 내가 보기에는 참 좋아 보이고, 금세 팔릴 것도 같다. 그런데 내 생각이 맞는지 몇 군데 더 알아보고 싶을 때가 있다. 토목 사무소에 자문을 구한다든지 관공서에 가서 필요한 정보를 알아본다든지, 하다못해 점을 보든지 말이다. 경우에 따라서는 자금이 모자라 대출을 받거나 같이 사자고 주변 사람을 설득해야 할 때도 있다. 어쩌면 좋을까?

이럴 때는 최소한의 안정 장치로 단 몇십만 원이라도 부동산 중개업소에 맡겨놓자. 지갑에 돈이 20만 원밖에 없어서 그걸 모두 가계약금으로 걸어놓고 나왔다고 치자. 이 정도는 돌려받지 못해도 크게 손해 볼 것 없는 금액이다. 물론 다시 받으러 가면 돌려주기야 하겠지만, 그럴 시간과 기름값을 생각하면 안 받고 말아도 크게 상관은 없지 않은가. "제가 꼭 다시 올 테니 다른 사람한테 팔지 말고 기다리세요." 이런 말은 세상 어디에서도 안 통한다. 하다못해 과자 가게라도 찜하려면 몇천 원이라도 주고 나와야 한다. 하물며 기본 천만, 억 단위로 움직이는 땅은 말해서 무엇 하겠는가.

계약서를 써도 계약금이 제 날짜에 안 들어오면 무용지물이다. 그만큼 말은 공허하고 아무런 구속력이 없다. 조금이라도 부담을 줘야지 중개소에서도 다른 손님과 계약 의사를 확정하기 전에 최후 통첩이라도 주지 않겠는가. 실질적으로 구매할 손님이 나타났는데 말만 두고 간 사람을 기다리는 곳은 없다. 평소 알고지내는 단골이라 할지라도 의미 없다. 편의상 확인하는 시늉은 하겠지만….

만약 20만 원을 중개업소에 맡겨놓고 나왔는데, 하루 이틀 사이에 땅 사는 사람이 나타났다고 20만 원 돌려주겠다고 연락이 온다면 당장 가서 사야 하는 땅일 수도 있다. 그만큼 남의 눈에도 탐난다는 의미니까 말이다. 그럴 때는 지체 없이 가야 한다. 내가 가계약금 걸고 왔으니 지금 당장 가겠다, 계약서 준비해라.

그러니 마음에 드는데 망설여지거나 결정하는 데 시간이 조금 더 필요하다 여겨지는 땅이 있다면 인터넷 쇼핑몰 장바구니에 물건을 담아놓는 격으로 가계약금조로 작은 액수의 돈이라도 걸고 돌아오자. 그래야 마음에 드는 땅을 놓치지 않을 수 있다.

토목 사무소를
이용하라

여기 이 땅을 산다면 어떻게 활용하면 좋을까? 어떤 건물을 지을 수 있을까? 땅을 분할하는 것이 좋을까? 그게 가능하기는 할까? 땅에 흙을 메우는 것이 좋을까?

땅을 산다는 것은 투자를 한다는 것이고, 결국 이러한 질문으로 생각이 이어질 수밖에 없다. 이러한 의문이 해소되어야 이 땅을 살지 말지 결정할 수 있을 테니까 말이다.

땅을 봤으면 이 땅이 개발될 수 있는지 아닌지를 알아보는 것은 필수다. 단순히 시세차익을 노리고 매입할 수도 있지만, 때에 따라서는 내가 건축주가 되어 건물을 올릴 수도 있고, 되팔 때에도 개발 가능성이 있는 땅이라고 확인되어야 잘 팔린다.

보통은 땅을 소개하는 사람한테 많이들 물어본다. 땅을 안내해준 사람이니 관련해서 정보를 제일 아는 사람이라고 여겨서다. 아주 틀린 말은 아니지만, 중개 사무소마다 천차만별이라서 잘 아는 사람이 있는가 하면 그렇지 못한 사람도 있다. 게다가 이런 부분에 대해서는 더 확실하게 답을 주는 곳이 있다. 땅 개발을 하고 관련 인허가를 대행해주는 곳, 바로 토목 사무소다.

땅을 살 때에는 토목 사무소에 들러 필요한 사항을 물어보고 점검해보면 좋다. 안 그래도 땅부자들 중에는 평소 친하게 거래하는 토목 사무소가 한두 곳쯤 있게 마련이다. 앞으로 땅 투자를 계속 늘려갈 생각이라면 이런 부분에도 신경 쓰면 좋다.

그렇다면 어떤 토목 사무소에 들러서 물어보는 게 좋을까? 사려는 땅과 가까운 곳에 있으며, 사업을 한 지 오래되었고, 관련 허가를 내주는 관공서 앞에 있는 곳이 좋다.

가서 무엇을 물어봐야 할까. 다음과 같은 사항은 꼭 챙기자.

- 이 땅이 개발 가능한지
- 불가능하다면 어떠한 이유 때문인지
- 가능하다면 어떤 종목이 허가가 날지(카페, 식당, 창고, 원룸, 공장 등 다 물어본다.)
- 매매 후 바로 허가를 넣으면 얼마나 걸리는지(바로 허가를 넣는다고 하면 더욱 솔직하게 말해줄 수밖에 없다.)
- 개발 허가를 받는 데 드는 비용은 얼마인지

허가가 안 되면 왜 그런지도 물어보자. 그럼에도 땅을 매입해야 할 경우가 생길 수 있으니 확인하는 것이 좋다. 해결할 수 있다면 허가 불가를 이유로 가격 조정을 해서 매입한 후에 해결하면 된다.

그 밖에 필요하면 다음과 같은 의뢰를 통해 꼼꼼히 챙기자.

- 나무나 웅덩이, 큰 돌 등이 개발 허가에 영향을 미칠 수 있으니 현장 사진을 최대한 많이 찍어놓고 방문한다.
- 도로에서 밑으로 꺼진 땅이면 성토 작업으로 허가가 가능한지와 비용이 어느 정도인지 확인한다.
- 경사가 높은 땅은 개발이 안 되는 부분이 있을 수 있으니 정확한 판단을 위해서 비용을 주고 경사도 측량을 진행한다.
- 개발 가능하다면 건물 모양과 진출입로까지 그려진 가설계도를 제작해달라고 의뢰한다. 땅 모양 때문에 건물이 예쁘게 못 올라가거나 버스 정류장이나 건널목 등으로 인해 진출입로 허가가 쉽사리 안 날 수도 있기 때문이다.
- 현장 동행을 원한다면 출장비 20만 원 정도 드릴 테니 같이 가서 봐달라고 요청한다. 출장비는 정해진 것은 없지만 현장이 너무 멀면 싫어하는 경우가 있으니 거리를 봐서 눈치껏 정하면 된다.

평소 알고 지내는 곳이 없다면 찾아가 묻는 것이 어렵거나 쑥스럽기도 할 것이다. 이럴 때는 질문을 잘 정리해서 중개 사무소에 동행을 요청하거나 알고 지내는 곳이 있으면 소개를 부탁하면 된다.

물론 개발에 대한 문제가 해결되면 매매하겠다는 의사를 밝혀야 중개 사무소도 움직인다는 것 정도는 알고 있도록 하자.

땅값만 흥정해서는 안 된다

땅 계약을 할 때 가장 중요한 것은 당연히 가격이다. 매수자 입장에서는 한 푼이라도 더 싸게 사려고 하고, 매도자 입장에서는 한 푼이라도 더 받으려 할 것이다. 그런 만큼 가격을 둘러싼 흥정은 매우 치열하다.

치열한 공방 끝에 가격은 결정되었다. 그렇다면 이걸로 끝일까? 그렇지 않다. 아파트나 주택의 경우 집 내부 물품은 특약이 없다면 거래 항목에 들어가지 않는다. 물론 필요한 것들은 '옵션'이란 항목으로 주고받긴 하지만 필수는 아니다. 이사하는 날 자금을 치르면서 에어컨은 왜 가져가느냐 따지는 경우가 있는가?

하지만 땅은 좀 다르다. 가격이 땅 면적에 대한 값인 건 확실한데, 그 외 지상물 소유권이나 허가권, 이전 비용 등 땅값 외에도 생각지 못한 비용이 추가적으로 생길 수 있다. 계약 때 이 부분을 명확히 하지 않으면 분쟁이 생길 여지가 있다. 어떤 것들이 있는지 하나하나 따져보자.

나무

사과나무나 포도나무 등 과실수가 있는 경우다. 모든 지상물을 포함한다는 내용이 들어가면 나무도 거래 대상에 포함된다. 단, 이런 과실수는 수확물이 매년 발생하고 그것이 곧 수익으로 이어지기 때문에 어떻게 처리할지 자세하게 명시할 필요가 있다.

혹시라도 매매한 땅에 건물이라도 올리게 되면 기존 과실수는 다 뽑아야 하는 만큼 철저히 계산해야 한다. '거래 대상에 과실수를 포함한다. 단, 올해 수확물은 경작자가 가져가는 것으로 한다' 등의 특약을 넣으면 된다. 이런 부분에 대한 명시를 하지 않아서 추후 토지를 되팔 때 예전 주인이 나무 값을 요구하는 등 추가 비용이 발생하는 어이없는 경우가 생긴다.

측량

땅은 측량하지 않는 한 정확한 경계를 알 수가 없다. 눈으로 보이는 곳과 실제 땅의 경계가 다른 경우가 허다하다. 주택을 허물고 새로 지을 때 옆집과 땅의 경계로 분쟁이 생기는 경우가 대표적이다. 특별한 명시가 없는 땅은 대체로 측량없이 매매되는데, 공부상(서류상) 면적대로 거래하게 되니 실제 거래되는 면적이 바뀔 리는 없다. 그래도 혹시 모르니 매수자 입장에서는 가격 흥정이 안 될 경우 측량이라도 해달라고 해보는 것이 좋다. 그런 다음 내 땅의 경계를 표시해두는 것이다.

내 땅의 경계를 확실히 아는 것은 유리하다. 만에 하나 개발 관련한 이슈가 생겨도 분쟁의 요소를 줄일 수 있다. 되팔 때 신뢰도 줄 수 있다. 대신 측량에는 시간과 비용이 드는 법이니 매매 계약서 작성 후 바로 신청하는 게 좋다.

이동 가능한 건축물

땅 위에 컨테이너 박스나 농막, 농기구, 비료 같은 것 등이 있는 경우가 있다. 이를 일컬어 지상물이라고 하는데, 땅값에 비해 얼마 안 되는 물품일지라도 이 때문에 계약 후 분쟁이 생길 수 있다. 매도자가 거래 대상에 일단 다 포함시켜 팔았다 할지라도 이후 생각이 달라질 수 있기 때문이다. 특히 컨테이너나 농막 같은 건 중고로 팔면 짭짤하게 수익을 거둘 수 있다. 그러니 계약할 때 지상물을 포함할지 제외할지 확실하게 해두는 편이 좋다. 특약 사항에 '모든 지상물 포함(컨테이너 1개, 농막 1개, 농기구 종류별, 비료 포대)' 등을 써놓으면 되고 사진을 찍어 '별지 사진 첨부'라고 넣으면 더 확실하다.

개발 허가권

간혹 개발 허가를 미리 받아놓은 땅이 있을 수 있다. 이런 경우에는 토지 소유권 외에도 개발 허가권자도 변경해서 함께 넘겨받아야 한다. 당연히 부동산 중개 사무소에서도 이에 대한 내용을 알려주고 계약서 특약 사항에도 명시한다.

문제는 개발 허가권자를 변경하는 데 비용과 시간이 든다는 점이다. 계약서 작성 전에 허가권자 변경에 드는 비용은 매도자가 지불

하는 것으로 합의하고 계약서에 넣는 것이 좋다. 그렇지 않으면 매수자가 부담해야 하기 때문에 예상치 못한 지출이 생기게 된다. 허가권 변경에 시간이 다소 많이 걸리는 경우도 있으니 허가권 변경이 지연될 경우 양자가 합의해 잔금일을 조정할 수 있다는 내용도 넣어주면 더 좋다.

묘지

묘지가 있는 경우 '잔금을 치르기 전 매도자가 자신의 비용으로 묘지를 이장한다'는 내용을 특약에 넣는 것이 좋다. 물론 묘지 이전 비용은 당연히 매도자가 내는 것이 원칙이다. 그런데 계약 이후 뜬금없이 이장 비용을 반반씩 내자는 황당한 요구에 맞닥뜨릴 수 있다. 그럴 일이 과연 있겠지만 싶지만, 안타깝게도 그럴 일은 빈번하게 생긴다. 더한 일도 생기는 것이 세상이다. 그런 만큼 미리 계약서에 명시해두는 것이 좋다.

땅은
겨울에 보는 것이 정확하다

땅은 이왕이면 겨울에 보는 것이 좋다. 여름에 수풀이 우거져 있을 때만 보고 땅을 사면 낭패를 보는 경우가 많기 때문이다. 다음과 같은 경우 문제가 생길 수 있다.

첫째, 없던 묘지가 보인다. 작은 땅이야 숲이 우거져 있어도 묘지를 금세 발견할 수 있다. 하지만 1,000평 이상 되는 땅이라면 우거진 수풀 때문에 묘지를 발견하지 못하고 거래하는 일이 생길 수 있다. 남의 묘지를 내 마음대로 어떻게 할 수도 없고, 분묘기지권이 성립된다면 더 골치가 아파진다. 분묘기지권이란 타인의 토지 위에 있는 분묘의 터를 인정하는 권리인데, 자칫 남의 묘의 권리 때문에 내 땅에 행사할 권리를 방해받을 수 있기 때문이다. 그리고 묘지는 내 땅 말고도 주변의 땅에도 없는 것이 여러모로 편하다.

둘째, 도로보다 땅이 밑에 있다. 도로와 땅의 높이가 같아야 좋다. 건축물을 올릴 것을 생각하면 당연하다. 여름에 수풀이 우거져 있을 때는 몰랐는데, 겨울에 숲이 없어지거나 혹은 공사하려고 수풀을 밀고 보니 땅이 저 밑으로 푹 꺼진 경우가 있다. 갈대 같은 긴 식물이 자란 땅에서 흔히 볼 수 있는데, 성토 작업을 해서 땅을 올리면 해결되는 문제라고 해도 그에 들어가는 추가 비용이 얼마나 될지 모를 일이며, 이렇게 꺼진 땅은 되팔기에도 불리하다. 경사도에 따라서 성토 작업이 안 되거나 땅의 일부가 개발 허가가 안 날 수도 있다. 우거진 수림 때문에 땅이 얼마나 꺼졌는지 감을 잡기 어려울 때는 직접 땅으로 들어가 보거나 매매 전 경사도 측량을 해봐야 한다.

셋째, 도로 폭이 다르다. 여름에 땅을 봤을 때는 땅 앞에 있는 도로 폭이 좁아서 개발 허가가 나지 않거나 허가 항목이 제한적일 거라 생각하고 매매를 안 하는 경우가 생길 수 있다. 그런데 겨울이 되어 주변의 식물이 없을 때 보니 도로 폭이 넓었다면? 사야 할 땅을 놓친 것이다. 반대로 여름에 땅을 봤을 때는 도로 폭이 좁은 이유가 우거진 수풀 때문이라고 생각하고 계약을 했는데, 겨울이 되고 보니 수풀 때문이 아니라 진짜로 도로 폭이 좁은 것이었다면 낭패다. 대체적으로는 전자의 경우가 훨씬 더 많다. 차량 두 대가 비켜나갈 수 없어 보여서 폭이 3미터 정도밖에 안 되겠구나 판단했는데, 겨울에 되어서 보니 도로 폭이 4미터 이상인 것이 확인되는 경우가 있다. 따라서 도로 옆 풀을 좀 밀거나 제거해서 폭을 정확히 확인하는 작업이 필요하다. 주로 시골 지역의 땅이 이런 경우가 많다.

그렇다고 반드시 땅을 겨울에만 사야 한다는 것은 아니다. 겨울에 땅을 보는 게 왜 좋은지 그 이유를 알았다면, 여름에 땅을 보러 가서도 겨울이라면 이렇게 되겠지 상상하며 확인해보면 된다. 게다가 요즘은 인터넷 세상 아닌가. 로드뷰를 통해 계절별로 토지를 볼 수 있으니 계약 전에 잘 확인해보는 것도 방법이다.

소유권자를 보면
흥정 방식이 보인다

어떤 부동산 매물이든, 땅이든 아파트든 간에 소유권자 확인은 기본이다. 매도인이 진짜 땅 주인인지 아닌지를 알아야 문제가 없다. 땅 주인이 아니면서 땅을 팔려고 내놓는 경우가 생각보다 비일비재하다. 소유주인 아버지는 팔 생각이 없는데 아들이 내놓는다거나, 소유주인 부인이 땅을 팔까 남편과 의논만 했을 뿐인데 남편이 바로 매물로 내놓는다거나 하는 경우가 간혹 있다.

확실한 위임장이 없으면 매도인과 소유주가 다를 경우 의심을 해봐야 한다.

이 좋은 땅을 왜 내놨을까 하고 의심이 되고 매입하기가 망설여진다면 이때도 역시 소유권을 확인해보면 된다. 소유권 변경 이력을 보면 땅 주인이 이 땅을 왜 내놨는지 감이 오는 경우가 있기 때문이다. 소유권 변경 이력은 등기사항전부증명서의 갑구를 보면 알수 있다. 등기사항전부증명서는 크게 표제부, 갑구, 을구로 나뉘어지는데, 표제부는 위치와 면적 등의 기본 정보를, 갑구는 매매, 경매, 가압류 등 소유권에 대한 기록을, 을구는 근저당권이나 임차권 등의 소유권 이외의 권리를 표시하고 있다. 인터넷등기소에 들어가 700원만 들이면 어렵지 않게 조회해볼 수 있다.

소유권이 변경되는 가장 흔한 이유는 매매에 의한 것이고, 그다음으로 증여, 상속, 경매, 낙찰 등이다. 이를 통해 과거부터 현재 주인까지 한눈에 볼 수 있으며, 땅을 살지 말지 결정하는 데 어느 정도 도움을 받을 수 있다. 특히 가격 흥정에서 유리한 고지를 점할 수 있다. 어떻게 그것이 가능할까? 하나씩 살펴보자.

먼저 상속으로 인해 명의가 변경된 땅이라면 상속 일자를 잘 봐야 한다. 최근 몇 달 사이, 한두 달 정도라면 가격 흥정을 시도해볼수 있다. 이런 경우는 빠른 시간 내에 불로소득을 얻고 싶거나 땅을 현금화했을 경우 얼마나 받을 수 있는지 궁금해서 내놓는 것이기 때문이다. 따라서 해당 지역의 호재를 모르는 수도 있고, 계약금과 중도금을 얼마나 거느냐에 따라 가격 흥정이 쉽게 이루어진다. 노력 없이 얻은 대가라 땅 주인 입장에서도 좀 더 너그러워진다.

소유권자가 여러 명일 경우에는 땅 주인이 많아 골치 아프겠다 싶겠지만 흐름을 잘 타면 가격 흥정이 더 쉬워진다. 오히려 단독 명의일 경우 땅 주인의 마음에 따라 땅을 판다고도 했다가 안 판다고도 하고, 가격을 더 올리겠다고 하는 등 변수가 더 많이 생긴다. 거리낄 게 없으니 완전히 엿장수 마음인 것이다.

공동 명의의 땅은 일단 팔기로 내놓았다면 어떻게든 파는 쪽으로 분위기가 흘러간다. 매입할 때부터 '가격이 어느 정도 되면 판다'라거나 '몇 년 후에는 되판다'는 계획이 미리 서 있는 경우도 많다. 중개 사무소에서도 추후 매물 확보를 위해 매수자가 여럿이면 수익 실현 시점을 어느 정도로 잡으라고 추천해주기도 한다.

공동 명의의 땅이 나왔다는 것은 이미 팔기로 계획되었거나 논의가 끝난 상태인 것이다. 각자 땅 판매 대금으로 무엇을 어떻게 할지 향후 계획까지 세워놓았을 텐데, 여기서 누구 하나 갑자기 "나는 반대"라며 나서기 쉽지 않다. 자기만 생각하는 나쁜 놈 소리 듣기 딱이다. 속마음이야 어떻든 다수가 결정한 일에 어깃장을 놓기란 어려운 일이다. 개중 정말 급하게 돈이 필요한 사람이 있을 수도 있다.

웬만하면 팔리는 땅이고 땅 주인이 여러 명인 만큼 빨리 진행될수록 좋다. 여러 사람이 한꺼번에 자주 모일 시간이 그리 흔치 않기 때문이다. 따라서 매수자 입장에서는 협상 카드를 꺼내기가 좋다. 계약금을 30% 이상 크게 건다거나 중도금 치르는 날을 3일 내로 잡는 식으로 가격 흥정을 해볼 만하다. 처음부터 큰돈이 빠르게 들어오는 것을 마다할 사람은 없기 때문이다.

땅 주인이 현지에 사는 사람이 아닌 경우에도 가격 흥정의 여지가 있다. 경기도 외곽이나 충청권 등 변두리 지역의 땅인데, 주인은 서울이나 도시 등에 사는 경우가 있다. 개발 호재 소식을 듣고 투자

겸 사놓은 것이다. 평생 가지고 있으려고 산 땅이 아니기 때문에 어느 정도 수익이 나는 시점이라면 팔려고 내놓게 된다.

특히 양도세가 내려가는 타이밍쯤에 내놓은 땅은 매도하려는 의지가 강한 경우라고 할 수 있다. 그렇다면 이를 이용해 가격 흥정을 시도해볼 수 있다. 취득한 날(등기 이전일)로부터 3년차 이상이 되면 양도세 장기 보유 공제가 가능하다. 1년 단위로 양도세액이 내려가므로 1년이 채워지는 날로 맞춰주는 조건을 걸면 흥정이 가능할 수 있다.

멀리 있는 땅을 투자 목적으로 산 사람은 땅을 자주 사고파는 전문 투자자일 가능성도 높다. 따라서 빠르게 계약, 잔금을 진행해주는 조건으로 가격을 흥정해볼 여지가 있다.

매입하자마자 바로 내놓은 땅도 가격을 흥정해볼 수 있다. 단기간에 땅을 사고팔면서 차액을 남기는 전문 투자자들은 땅을 매입하는 동시에 매도하는 경우가 있다. 시세보다 저렴한 땅이 나올 때마다 사서 빠르게 되팔아야 하기 때문이다. 이 경우 수익의 절반 이상을 세금으로 내게 되는데도 아랑곳하지 않는다. 그만큼 수익을 계속 빠르게 내고 있다는 뜻이다.

이런 경우는 파는 사람도 사는 사람도 시간 싸움이기 때문에 빠르게 사고 빠르게 파는 게 중요하다. 계약금을 많이 걸고 잔금 일정을 최대한 앞당겨주면 가격 조정에 응하는 경우가 있다.

이와는 반대로 가격 흥정의 여지가 전혀 없는 땅도 있다. 주로 소유주가 근처에 거주하면서 직접 농사도 짓고 있는 땅이다. 게다가 이런 경우 소유주가 70세 이상의 고령인 경우가 많다. 땅에 대한 애착이 강해서 가격 흥정이 쉽지 않다. 특히 주변에 개발 호재 같은 게 생겨도 안 판다고 할 공산이 크다. 주변 설득에 넘어가 어쩔 수 없이 내놓기도 하지만, 마음이 내켜 내놓은 게 아니라 부르는 게 값이다. 땅이 안 나간다고 해서 땅 주인이 손해 보는 것은 아니기 때문이다. 오히려 다행이라고 생각한다.

공동 투자는 수익 실현 시점이 핵심이다

간혹 자금이나 기타 이유로 땅을 여럿이서 사는 경우가 있다. 친구들과 함께 사기도 하고, 부부나 가족 등이 공동으로 사기도 한다. 한마디로 공동 투자자인 셈이다. 같이 모여 땅도 보고, 투자 공부도 같이 하고, 수익도 실현하니 얼마나 좋은가. 땅을 살 때는 그렇게 좋을 수가 없다. 다 같이 부자가 된 느낌에 벌써부터 기분이 좋다.

문제는 살 때가 아니라 팔 때다. 그때는 살 때만큼 관계가 아름답지 못할 수도 있다.

땅을 산 이후로는 각자의 경제 사정이 달라질 수 있다. 아무리 제일 가까운 가족이라고 할지라도 각자의 가정 내에서 어떠한 이벤트가 생기느냐에 따라서 급하게 돈이 필요할 경우가 생긴다. 누구는 자녀가 유학가거나 결혼해서, 누구는 본인이나 가족이 큰 병에 걸려서, 누구는 사업이 망해서, 누구는 살 집을 옮겨야 해서, 누구는 더 큰 투자처가 나타나서… 그렇다면 어떻게 해야 할까? 그렇다. 바로 가지고 있는 땅을 팔아야 한다.

문제는 공동 명의의 땅은 내가 마음대로 팔 수 없다는 것이다. 내가 팔고 싶어도 다른 사람이 싫다고 하면 방법이 없다. 그렇게 아웅다웅하다 보면 급기야 내가 그 땅 다 살 테니 내놓으라고 하는 상황까지 벌어진다. 심지어 어찌어찌 팔기로 합의를 했더라도 막상 매매 계약 날 다른 명의자가 안 나타나기도 하고, 와도 너 때문에 파느니 어쩌니 싸움이 나기도 한다.

차라리 투자 모임에서 만나 모르는 사람끼리 공동 투자하는 경우라면 모든 것을 서면 계약서로 정리해두니 일처리가 깔끔하다. 하지만 친구, 지인, 가족 등 친할수록 이런 과정을 소홀히 하거나 친하다는 이유로 이해를 바라고 욕심을 더 부리기도 한다. 우리 사이에 사정을 봐주지 않으니 더욱 서운하거나 섭섭한 마음도 든다. 하지만 친할수록 돈 거래는 확실해야 하는 법. 땅 투자도 예외일 수는 없다.

따라서 공동으로 땅을 구매할 때는 미리 매도 시점에 관한 합의를 해두는 것이 좋다. 수익률을 기준으로 해서 '몇 퍼센트 수익 실현이 가능하면 매도한다' 또는 기간을 기준으로 해서 '몇 년 후에 시세에 맞게 매도한다' 혹은 '급전이 필요한 상황이 생기면 이렇게 한다' 등 서면으로 확인서를 작성해두면 좋다.

답은 무조건
현장에 있다

어느 부동산이든 마찬가지겠지만 땅을 살 때에도 당연히 현장에 직접 가보게 된다. 중개 사무소에서 땅의 위치나 모양, 용도 등 설명을 다 듣고 나서는 직접 땅을 보러 차를 타고 이동한다.

그런데 신기하게도 도로 쪽에 서서 땅을 바라보기만 하는 사람이 있다. 도로를 사는 게 아니라 땅을 사는 건데 왜 땅 안은 보지도 않고 밖에서만 보는 것일까? 집을 살 때 외관만 보고 사는가? 안에 들어가서 물은 잘 나오는지, 햇빛은 잘 들어오는지, 방 크기는 적당한지 일일이 보고 확인하지 않는가? 건물이나 상가를 살 때에도 들어가서 인테리어 파손된 것 없는지, 심지어 전구 나간 개수까지도 체크하는데 왜 땅을 살 때는 그저 도로에 서서 바라보기만 할까? 땅 주변만 한 바퀴 도는 경우도 있는데, 그나마 이건 나은 편이다.

땅도 건물과 다를 바가 없다. 반드시 땅 안에 들어가서 봐야 한다. 땅도 밖에서 봤을 때와 안에서 봤을 때가 천지차이다. 토질은 어떤지, 무르지는 않은지, 경사도는 어떤지, 건물을 올린다면 어떻게 올려야 하는지를 직접 보고 판단해야 한다.

주택 부지의 경우 밖에서 볼 때는 몰랐는데 안에 들어가 보니 서향이나 서북향으로 집을 지을 수밖에 없다는 것을 알게 될 때가 있다. 옆 땅에 건물이 있을 경우 땅에 직접 들어가 봐야 옆 건물과의 거리도 가늠이 되고 창이나 문을 어디로 내면 좋을지 판단할 수 있다.

땅이 클수록 더욱더 땅 안을 여기저기 둘러봐야 한다. 땅 한쪽에서는 아무런 냄새가 안 나는데, 반대편으로 가면 축사 냄새가 심하게 나는 경우도 있다. 밖에서 봤을 땐 딱히 볼 경치가 없어서 그저 그렇다고 생각했던 땅이 안에 들어가서 확인해보면 2층 정도의 건물만 지어도 전망이 좋다는 것을 알게 되는 경우도 생긴다.

게다가 땅도 기운이라는 것이 있다. 땅 안에 들어갔을 때 기분이 좋게 느껴지는 땅이 있고, 뭔가 음산한 기운이 느껴지는 땅이 있다. 습한 느낌이 강해서 몸이 축축 처지는 것 같기도 하고, 햇볕은 쨍쨍한데 공기는 찬 느낌이 들기도 한다. 때에 따라서는 흉가나 죽은 나무가 있는 경우도 있는데, 사람마다 받아들이는 느낌도 각기 다르다. 이런 건 직접 땅에 들어가 걸어봐야 느낄 수 있는 것이다.

물론 땅의 상태에 따라 발이 푹푹 꺼지기도 하고 물이나 다른 오물이 묻는 경우도 생기니 딱히 내키지 않을지도 모른다. 하지만 나

의 땅이 될 곳이 어떤 곳이고 어떻게 생겼는지도 모른다면 너무 무
책임한 것 아닐까? 거기에 들이는 비용을 생각한다면 더욱 그렇다.
그러니 땅을 보러 갈 때는 장화나 더러워져도 되는 운동화를 준비
해서 꼭 둘러보자. 그 한 번의 귀찮음이 투자의 성공과 실패를 가를
수 있으니까 말이다.

계약은
서류로 완성된다

당연한 말이겠지만 땅을 살 때는 계약서도 꼼꼼히 작성해야 한다. 어떤 계약서든지 한 번 쓰고 나면 물릴 수 없다. 땅도 마찬가지다. 사고 끝나는 게 아니다. 집만 해도 전세를 얻든 매매를 얻든, 들어가고 나면 수도가 샌다거나 결로가 생긴다거나 하는 문제가 생긴다. 그럴 때를 대비해 계약서에 필요한 조항을 명시해두듯이 땅도 그래야 한다.

몇 번이고 말하지만 땅은 큰돈이 드는 투자다. "저는 땅 투자가 처음인데요?" 이런다고 잘못 쓴 계약서를 무를 수 없다. 계약서를 잘못 쓰면 그 책임은 오롯이 내가 떠안아야 한다. 그러니 계약서에 금액과 잔금 치르는 날짜만 확인하고 도장 찍지 말고 다음과 같은 사항도 꼭 챙기자.

경계 측량

원형지는 내 땅의 경계가 어디까지인지 알 수가 없다. 원형지란 개발되지 않은 전, 답, 임야 등을 일컫는다. 물론 공부상 면적을 기준으로 거래하는데다 나중에 건축물을 올리게 되면 측량하게 될 테니 전체 면적이 달라질 리는 없겠지만, 만에 하나 생길 문제를 대비해서 땅을 살때 미리 해두면 좋다. 내 땅의 경계를 정확하게 알 수 있을뿐더러 개발전 매도하게 될 때 브리핑하기에도 좋다. '잔금 전 경계 측량을 하기로하며, 그 비용은 매도인이 지불한다'는 내용의 특약 사항을 꼭 넣도록하자.

농지취득 자격증명 발급

용도에 따라 땅은 전(밭), 답(논), 과수원, 목장용지, 임야, 광천지 등 다양하게 나뉘며 이는 토지등기부에도 표시된다. 논, 밭, 과수원은 묶어서 '농지'라고 하는데, 농지를 취득할 때에는 농지취득 자격증명을 발급받아야 한다. 농사를 짓는 사람만이 그 땅을 소유할 수 있기 때문이다. 물론 연구 및 농장 체험 등의 예외 사항이 있기는 하다.

농지로 알고 샀는데 토지의 일부에 아스팔트 포장이 되어 있거나 불법건축물이 있는 경우 농지취득 자격증명 발급이 지연되거나 아예 안 될수도 있다. 과거에 개발 허가를 내놓은 땅인데 매도인이 이를 모르고있는 바람에 농지취득 자격증명이 안 나오는 경우도 있다. 그렇다면허가권자 변경을 우선적으로 진행해야 하는데, 그러면 또 비용이 든다. 이러한 문제로 분쟁이 생기는 수가 많다.

따라서 이런 문제를 해결하기 위해 '농지취득 자격증명이 불가한 경우 발급이 될 수 있도록 최대한 협조하며, 이 비용에 대해서는 매도인이 지불하기로 한다'는 내용의 특약 사항을 계약서에 넣어두는 것이 좋다.

토지에 저당권이 설정된 경우

집도 마찬가지지만 토지도 담보로 대출을 한 경우가 있다. 집을 매매할 때처럼 땅을 팔 때 담보를 정리하니 대출이 있는 토지라고 해서 매매를 꺼려 할 필요는 없다. 등기사항전부증명서를 확인해보면 대출 액수와 채권자 등을 알 수 있으니 중개 대상물 확인 설명서에 이에 대한 사항도 기재한다.

그렇다고 해서 알고만 넘어가서는 안 된다. 실제 대출은 다 갚았는데 등기 말소를 안 해서 채권 최고액이 나타나는 경우가 있을 수 있다. 따라서 이를 계약서에 한 번 더 명시하는 것이 좋다. 그래야 만에 하나라도 사고가 났을 경우 매도인과 매수인 모두 계약 시에 이 사항을 명확히 알고 있었다는 확인이 된다.

특약에 대출 액수는 물론 잔금 날 기존 대출을 동시에 정리한다는 내용과 함께 대출받은 은행까지 명시해두자. 현재 땅에 얽혀 있는 채권 채무 관계를 다음과 같이 자세하게 기록해달라고 중개 사무소에 요구하면 된다. '○○은행 채권 최고액이 ○○억 원인 상태의 계약으로, 잔금 때 모두 말소하기로 하며 토지주는 잔금 전까지 어떠한 권리 변동도 하지 않는다.'

가끔 근저당권자가 개인인 경우가 있는데, 이 때에는 잔금 날 근저당권자가 현장에 와서 금전 관계가 해결되는 것을 법무사 입회하에 확인한다는 내용을 넣으면 된다.

이 외에도 계약 전에 등기사항전부증명서와 토지대장을 비교하는 것을 잊어서는 안 된다. 토지대장에도 등기사항전부증명서와 마찬가지로 소유주 이름과 토지 면적이 나온다. 토지대장은 등기사항전부증명서와 달리 정부24에서 무료로 조회 가능하다.

가끔 등기사항전부증명서와 토지대장에 기록된 소유자와 토지 면적이 일치하지 않는 경우가 있다. 전산화 과정에서 누락된 것일 수도 있고, 단순 오류일 수도 있다. 이럴 때에는 소유주에 관한 것은 등기사항전부증명서에 표기된 것이 우선하고, 토지 면적이나 지목 같은 물리적인 부분에 대한 것은 토지대장의 표기가 우선이다.

즉, 실질 소유자는 등기사항전부증명서에 기재된 사람이며, 땅의 개발 및 활용은 토지대장에 의거한 대로 행해야 한다. 그런 만큼 두 정보가 다르면 공부상 불일치로 대출이 제한되는 등 골치 아픈 일이 생길 수 있다.

등기사항전부증명서와 토지대장에 서로 다른 부분이 있는지 계약 전에 꼭 확인하자. 거래가 끝난 후에 변경하려면 번거롭기도 하고 법무사 대행 수수료 같은 것이 발생할 수도 있으니 말이다.

팔라고 하면
더 사라

간혹 부동산 중개 사무소에서 고객에게 등기우편을 보낼 때가 있다. 보통 이런 내용이다.

"현재 가지고 계신 땅이 과거에 비해 값이 많이 올랐습니다. 요새 거래가 좀 뜸한 상황인데 가격이 내려가기 전에 매도하는 게 좋을 것 같아 연락드립니다. 내년부터는 세금도 대출 이자도 오른다고 하는데, 그러면 더 팔기 어려워질 수도 있습니다. 지금이 적기입니다. 우리 사무소는 이 지역에서 아주 오래된 곳이고 손님도 많습니다. 저희한테 내놓으시면 좋은 가격에 팔아드리겠습니다."

이런 등기를 받았다면 일단 좋아하면 된다. 해당 지역에 땅 살 사람은 많은데 매물이 부족하다는 뜻이니까 말이다. 그렇다면 매물 확보를 위해 할 수 있는 일이 뭐가 있을까? 땅 주인에게 땅값이 올랐으니 지금 판매하는 것이 좋다고 안내하는 것이다. 등기우편을 발송하려면 시간과 돈이 든다. 굳이 이런 수고로움을 감수하는 데는 다 이유가 있다.

따라서 이런 등기를 받았다면 이렇게 판단하면 된다.

> 땅 살 사람은 있는데 팔 물건은 없다.
> 중개 사무소가 보기엔 내 땅이 팔기 좋은 땅이다.
> 땅값이 오르는 상황이다.
> 투자를 더 할 수 있다면 주변 땅을 더 사야 한다.

가만있는데도 알아서 땅을 팔라는 메시지가 온다는 것은 땅값이 오른다는 뜻이다. 팔려는 사람은 없는데 사려는 사람이 계속 찾아오기 때문에 부동산 사무소에서는 좋은 땅의 주인에게 우편을 보낸다. 매물 확보를 하기 위함이다. 이런 편지를 받았다면 땅을 팔아야 할 시점이 아니라 외려 더 사야 하는 시점인 것이다. 수요는 많고 공급은 없어 이 지역 땅값이 본격적으로 오르기 시작한다는 의미이니 말이다.

중개 사무소를
활용하라

어느 지역에 투자하면 좋을지 공부하다 보면 주인이 궁금해지는 땅들이 있다. 좋은 위치에 좋은 모양의 땅일 경우엔 더 그렇다. 사거리 코너에 붙은 땅, 인터체인지가 생기는 곳과 가까운 땅, 신도시나 산업단지 들어서는 곳과 연결되는 도로에 붙은 땅, 도로에 길게 직사각형으로 붙은 땅, 대규모 아파트가 생기는 곳과 가까운 땅. 이런 땅들이 좋은 땅이고 가격도 더 많이 오른다.

자금의 여유가 있다면 비싸더라도 이런 땅은 매입하는 게 좋다. 평 단가 상승률도 높고, 건물을 지으면 임대도 잘 나간다. 이런 땅은 매입 후 가만있어도 적당한 시기가 되면 중개 사무소에서 팔라고 먼저 연락이 온다.

그렇다면 이런 땅은 어떻게 살 수 있을까? 그 지역에서 오래 영업한 토박이 중개업소에 의뢰하는 것이 좋다. 그래야 안전하게 좋은 땅을 제 가격에 살 수 있다. 어째서일까?

중개 수수료를 아끼려고, 기타 등등의 이유로 직접 거래를 시도하는 사람들이 있다. 땅 주인을 직접 찾아가거나 편지를 써서 그 땅을 사고 싶으니 얼마에 팔라고 하는 것이다. 사업을 많이 한 사람들의 경우 내심 직접 거래에 자신만만한 모습을 보이기도 한다. 그런데 생각보다 성공 확률이 낮다. 땅 주인이 내놓지 않아 가격이 정해지지 않은 땅의 경우는 더욱 그렇다.

가만있는데 누군가 찾아와 땅 파세요, 하면 땅 주인은 어떤 생각이 들까? 얼씨구나 싶을 것이다. 생각해보자. 내놓지도 않은 땅을 직접 찾아와서 먼저 팔라고 하면 어떤 생각이 들겠는가? 누구라도 안 팔고 버텨야 한다거나 시세의 몇 배로 비싸게 팔 수도 있겠구나 하는 생각이 절로 들 것이다. 이런 상황에서 "내가 얼마에 사겠소"라고 바로 말한들 "내 기다리고 있었으니 그 가격에 거래합시다"라고 답할까? 가격을 떠나 '이 사람 사기꾼 아닌가…' 하는 생각부터 먼저 들 것이다. 사람 마음이란 그런 것이니까. 어찌어찌 대화가 좀 통해서 땅 주인 마음이 동했다고 하자. 그렇다고 그럼 그 가격에 팔겠소, 할까? 아니다. 그 가격이 합당한지 검증에 들어간다.

일단 주변 중개 사무소에 연락해서 내 땅을 누가 얼마에 산다고 하는데 괜찮은 것이냐 물어보면, 백이면 백 다 너무 싸게 판다고 우리가 얼마 더 받아줄 테니 가져오라고 권한다. 그렇다면 땅값만 더 올라가는 꼴이다. 싸게 거래하려고 직거래를 택한 방식이 오히려 안 좋은 결과를 가져온다. 따라서 땅 주인에게 연락하는 건 그리 좋은 방법이 아니다. 그렇기에 그 지역 오랜 토박이 중개업소에 의뢰하라고 권하는 것이다.

그런 곳은 해당 지역에서 오래 영업하다 보니 그 주변 땅 주인들을 잘 알고 있어 내가 사고 싶은 땅의 주인을 잘 알 수도 있다. 하다 못해 한두 다리 걸쳐서 소개받을 수도 있다. 그렇게 자연스레 접근해서 땅을 팔 의향이 있는지 먼저 떠보도록 하는 것이 좋다. 동네 사람이면서 관련업을 하는 사람이니 땅 팔 생각이 있느냐는 질문이 그냥 인사 같은 거라서 땅 주인도 편안하게 대답한다. 이럴 땐 사고 싶은 사람이 나타났으니 땅 내놓겠냐고 할 필요도 없다. 생각이 있다면 땅 한번 내놔보겠느냐, 시세 알아봐주겠다는 식으로 권하면 된다.

아니면 에둘러 표현하는 방법도 있다. 이 지역에 괜찮은 땅 없나 보러온 사람이 있는데, 생각 있으면 한번 만나보겠느냐 하는 식이다. 어차피 이 땅 아니어도 다른 땅 살 텐데 잘 받아줄 테니 이참에 이야기나 나눠보는 것도 좋지 않겠느냐 운을 띄우면 자연스럽게 가격 이야기가 나오면서 매도 가능성이 생긴다. 지역 토박이 사무소니 해볼 수 있는 방법들이다. 꼭 이 땅을 사야겠다는 강한 의지가 있다면 여러 사무소에 매수 제안을 해두는 것도 좋다.

자금이 부족하면
분할 매입하라

땅이 내 마음에 쏙 들어도 자금이 부족해 매입하기 어려운 경우가 생길 수 있다. 친구나 가족 등과 같이 구매해 공유 지분으로 취득하는 방법도 있지만 차후 발생할 수 있는 여러 가지 상황들이 부담스러워서 그러고 싶지 않을 수도 있다. 그러면 어떻게 해야 할까? 대출만이 능사일까? 아니면 포기를 해야 할까?

이럴 때는 분할 매입하는 방법이 있다.

도로와 길게 붙은 토지의 경우 도로와 붙은 면을 기준으로 분할을 할 수 있다. 물론 원하는 모양대로 분할이 가능한 것은 아니다. 일정한 기준이 있는데 지자체마다 다를 수 있으니 자세한 사항은 해당 지역 토목 사무소에 문의해보면 된다.

분할 신청을 한다고 해서 다 되는 것은 아니다. 분할하려는 이유도 있어야 한다. 이 경우는 토지 매매를 이유로 분할 신청을 하면 된다.

일단 중개 사무소에 있는 그대로의 사실을 전달하자. 매매를 원하는데 자금이 부족해 토지의 일부분만 잘라서 사고 싶다, 그게 가능할지 땅 주인에게 알아봐달라고 하자. 매도자 입장에서도 가격이 상승하는 지역이라면 한 번에 다 팔지 않고 나눠 파는 것도 좋은 방법이니 고려해볼 만한 사항이다. 매수자가 동의했다면 이후 과정은 사무소에서 진행하는 대로 따르면 된다.

분할 매매는 다음과 같이 진행된다.

- 매매 계약서를 작성한다.
- 아직 분할된 지적도나 지번(주소)이 없는 상태이기 때문에 분할도를 계약서에 첨부해 어느 부분을 매매할 것인지와 분할 완료 후에 새로운 면적과 지번으로 계약서를 수정 작성할 것을 특약 사항에 기록한다.
- 계약서 작성 후 분할 신청에 필요한 서류를 첨부해 분할 신청을 한다(이 부분은 보통 토목 사무소에 의뢰하게 되는데, 비용이 발생하니 어느 쪽이 부담할 것인지 계약 전에 정해야 한다. 보통 매도인이 원했다면 매도인이, 매수인이 원했다면 매수인이 지불한다).
- 필요 서류를 접수한다.
- 분할 완료 후 지번과 면적을 수정해 다시 매매 계약서를 작성하고 기존 계약서는 파기한다.

참고로 행정기관의 업무량에 따라 측량 일정 잡히는 게 오래 걸릴 수 있으니 잔금 치르는 날짜는 길게 잡는 게 좋다.

분할이 가능한 땅은 이렇게도 매매가 가능하다. 땅을 보러 다닐 때 금액이 문제라면 분할 매입이 가능한 땅인지도 체크해보면 좋다.

무조건 위치가
1순위다

경기도 어느 지역에 개발 호재가 있다고 해서 함께 땅 투자하는 친구 네 명이 땅을 보러 갔다. 어느 것을 최우선으로 봐야 할까, 저마다 생각이 달라 아웅다웅한다.

A. 당연히 평당 가격이지. 주식도 싸게 살수록 좋은 거잖아?

B. 모양이 중요하지. 땅이 네모반듯해야 건물 짓기도 좋다고.

C. 위치가 중요하지. 개발되는 곳과 가까워야 땅값도 잘 올라.

D. 용도 지역이 중요하지. 어떤 업종이 가능한지, 몇 평 지을 수 있는지가 중요하잖아.

정말 투자 어벤저스라고 할 수 있을 정도의 모임이다. 어느 누구

하나 중요하지 않은 의견이 없다. 이 조건을 모두 충족하는 땅이 있다면 무조건 사야 한다. 그런 땅이 존재한다면 땅값이 100배는 오를 테니까. 하지만 안타깝게도 이런 조건을 모두 충족하는 땅은, 그래서 모두가 사길 원하는 땅은 서울 하늘의 별만큼이나 보기 힘들다.

모든 걸 충족하는 땅은 거의 없다. 모양이 좋으면 위치가 별로고, 가격이 싸면 도로가 없으며, 모양과 위치는 다 좋은데 개발제한구역인 경우도 있다. 땅 투자라는 게 이렇다. 사실 100% 완벽한 땅을 찾기란 그리 쉬운 일이 아니다.

그렇다면 개중 최선의 매물을 선택해야 하는데, 어떻게 해야 할까? 가격, 모양, 위치, 용도 중에서 어느 것을 우선순위로 보고 결정해야 할까?

결론부터 말하자면 '위치'다.

수많은 현장 경험을 토대로 하면 그렇다. 땅을 사는 이유가 무엇인가? 나중에 잘 팔기 위해서다. 땅을 좋은 가격에 잘 팔려면 그 땅을 사려는 사람이 많아야 한다. 그 말은 가격이 오를 것이라 확실히 예상되는 곳, 투자 가치가 있는 곳에 사람들이 몰린다는 말이다. 즉, 땅값이 오를 것이라 예상되는 지역인데, 그런 지역은 주로 개발지나 톨게이트, 주거 및 산업단지와 붙어 있거나 가까운 곳에 있다. 결국 입지가 중요하단 뜻이다.

아무리 땅이 좋아도 개발지와 가깝지 않으면 땅값은 잘 오르지 않는다. 이런 땅에 관심을 두는 투자자는 그다지 많지 않다. 전문으로 땅 투자를 하는 사람이라면 개발지와 가깝지 않은 땅은 늘 후순위로 미뤄둔다. 반대로 땅은 안 좋아도 개발지와 가까우면 고려해봐야 한다. 실제 땅부자들은 그렇게 한다. 거래 가능성이 생기기 때문이다. 하다못해 개발제한구역이라 할지라도 개발지와 가까우면 거래되는 경우가 있다.

그러니 땅을 고를 때는 위치를 우선적으로 봐야 한다. 개발지와 딱 붙어 있는 땅이 가장 좋고, 먼발치에서라도 개발지가 보이면 투자하기에 적당하다. 땅은 개발되는 곳과 가까워야 값이 오른다. 이 사실을 명심하자.

.

좋은 땅을 찾는 10가지 방법

1. 개발 호재에 관심을 가져라

지금 이 순간에도 전국 각지에서 다양한 개발이 진행되고 있다. 투자는 관심에서부터 시작된다. 이런 개발에 관심을 가져야 투자를 시작할 수 있다. 우리 동네에 개발 호재가 있다면 그것부터 관심을 가져보자. 주변 부동산에 어떤 영향을 줄지, 오르는 부동산은 무엇인지, 어떤 방향으로 투자하면 좋을지 생각해보자.

2. 믿을 만한 중개인을 택하라

아무리 땅에 관심이 많아도 중개인만큼 알지는 못한다. 본인이 관심 있는 지역의 부동산 사무소를 한두 군데 선정해 주 거래처로 만들어두면 많은 도움을 받을 수 있다. 필요한 매물에 대한 정보는 물론이고, 땅값 동향을 살펴 팔아야 할 시기를 먼저 알려주기도 한다. 땅을 매입하는 목적에 따라 필요한 정보를 제공해주기도 하며, 이를 통해 매수자가 예상치 못한 위험 요소를 줄여줄 수도 있다.

3. 가격 파악을 잘하라

땅은 시세를 명확히 알기 어려운 종목이다. 바로 옆 땅과 몇 배 차이가 나기도 하고, 몇 년 전 팔린 가격보다 싸게 나오는 경우도 있다. 그렇더라도 대략적인 가격 선을 파악하는 건 매우 중요하다. 해당 토지의 가치가 적절한지 아니면 거품이 끼었는지 판단하고 결정할 수 있기 때문이다.

땅값을 파악하기 위해서는 먼저 부동산 사이트에 올라와 있는 땅들의 가격을 보면 된다. 원하는 지역을 선택하고 카테고리를 설정하면 원하는 종류의 부동산 매물의 가격을 볼 수 있다. 물론 가격은 땅 주인이 설정하는 것이기 때문에 비싸게 팔려는 심리가 반영되어 있어 실제 거래 가격보다 높을 수 있다. 때문에 비슷한 위치에 나와 있는 물건을 여러 개 보면서 평균값을 내본다면 보다 안전하게 거래할 수 있다.

실거래가를 확인하는 방법도 있다. 국토교통부 실거래가 공개 시스템을 통해서도 확인할 수 있지만, 이 경우 토지는 지번까지는 노출이 되지 않기 때문에 땅야(ddangya.com)나 디스코(disco.re) 같은 전문 사설 사이트를 참고하는 편이 나을 수도 있다. 어떤 땅이 언제 얼마에 몇 평이 실제로 거래됐는지 파악할 수 있다.

4. 발품을 팔아라

땅은 보면 볼수록 많이 보인다. 백문이 불여일견이라고 땅 역시 마찬가지다. 시간이 날 때마다 관심 지역을 둘러보면 남이 올리는 정보나 지도만 보고 있는 것보다 훨씬 와닿는 것이 많을 것이다. 돌아다니다가 동네 주민과 이야기를 나눠본다면 중개 사무소에서는 듣지 못한 정보도 얻을 수 있다. 중개 사무소 역시 백번 전화하는 손님보다 한 번 방문한 손님에게 더 좋은 물건을 소개해준다.

인터넷에 공개되지 않는 정보나 자료들이 있어 현지에 가봐야 알수 있는 것들도 많다. 좋은 매물일수록 광고를 하지 않고, 민감한 정보는 숨기게 마련이다. 인터넷에서는 떠들썩하지만 막상 현지 분위기는 조용할 수도 있다. 가서 봤을 때 부동산 사무소가 여러 개이고 사람들이 모여 왁자지껄해야 진짜 투자가 활발히 이루어지고 있는 것이다. 이런 건 눈으로 직접 확인해봐야 한다.

5. 공고와 고시에 관심을 가져라

개발 호재를 빨리 알아채고 싶다면, 좋은 땅을 선점하고 싶다면 어떻게 해야 할까? 국가기관이 발표하는 공고와 공시를 잘 보면 된다. 이제는 각 지자체나 공기업 등 정부기관에서 국민이 낸 세금으로 뭔가를 할 경우 공고 및 고시를 해야 할 의무가 있다. 도로 신설부터 산업단지 형성에 이르는 대형 사업은 물론이고 CCTV 설치, 마을길 포장, 가로등 설치 등의 소소한 사업까지도 모두 고시가 된다. 이러한 정보들을 눈여겨본다면 남보다 빠르게 움직일 수 있다.

6. 정보공개를 활용하라

아직 발표되지 않은 정보를 알고 싶다면 정보공개포털을 이용하면 된다. 정보공개는 공공기관이 업무 수행을 하면서 생산·접수하여 보유·관리하는 정보를 국민에게 공개함으로써 국민의 알 권리를 보장하고 국정 참여를 유도하기 위한 제도다. 모든 국민과 법인 및 단체는 물론이고 국내에 일정한 주소를 두고 거주하는 외국인도 청구할 수 있다.

원하는 정보가 있는데 찾기 어렵거나 아직 발표가 안 됐다면 해당 정보와 관련 있는 국가기관에 정보공개를 요청할 수 있다. 민감한 정보가 아니라면 일정 기간 이후에 해당 정보를 해당 기관으로부터 받을 수 있다. 적극적인 투자자들은 이런 식으로 남들과 차별화된 정보를 얻으면서 투자에 대한 방향을 설정하고 있다.

7. 뉴스와 신문을 잘 봐라

부동산은 소문에 사서 소문에 판다는 말이 있다. 매스컴도 이러한 소문을 퍼뜨리는 데 일조한다. 여론을 형성하고 유행을 선도하며 분위기를 조성하기 때문이다. 제아무리 좋은 땅이라도 사람들이 모르면 아무런 소용이 없다. 많은 사람이 알게 되어야 시장이 활발해진다. 따라서 뉴스나 신문에 나오는 내용들을 숙지하고 있으면 도움이 된다.

물론 뉴스나 신문에 나온 정보라면 이미 알 만한 사람은 다 알고 있다는 뜻도 된다. 그렇지만 분위기를 읽는 것은 또 다른 문제다. 이러한 매체를 통해 분위기를 감지하고 방향을 읽을 수 있다. 부동산 시장이 상승장인지 하락장인지, 아파트가 '핫'한지 상가 거래가 많은지, 땅 투자가 유행인지 큰 흐름을 파악할 수 있다. 또한 매스컴의 영향으로 후발 주자들은 그 방향으로 움직인다. 부동산은 흐름에 역행하면 제대로 된 매수와 매도를 하기 어렵다. 반드시 뉴스와 신문을 통해 그 흐름을 파악하고 흐름에 맞게 움직이자.

8. 정책 변화를 민감하게 살펴라

주택이 자산의 큰 비중을 차지하는 우리나라는 부동산 정책이 실생활과 매우 밀접하게 관련되어 있다. 따라서 집값에 예민하다. 주택 관련 정책이 바뀔 때마다 시장이 요동치는 것도 이 때문이다.

집값과 주택이 매우 큰 정책적 사안이니만큼, 국가에서 하는 토지 개발은 이와 관련된 것들이 많다. 아파트단지나 산업단지를 조성하는 것이 대표적인데, 산업단지의 경우 일자리를 찾아 사람들이 몰려들면 인근에 자연스럽게 마을이나 도시가 형성되기 때문이다. 신도시 개발도 이와 맞물려 있다. 따라서 이런 정책에 관심을 기울이면 좋다.

개발 정책들은 어떻게 알 수 있을까? 기획재정부나 국토교통부에 가면 이러한 정책에 대한 자세한 정보를 볼 수 있다. 물론 뉴스나 신문 기사 등을 통해 보도되긴 하지만, 이러한 보도도 정부에서 제공하는 보도 자료를 바탕으로 하는 만큼 직접 원 정보를 찾아 확인해 보는 것이 좋다.

9. 부동산의 계절을 파악하라

부동산에도 이른바 계절이라는 것이 있다. 바로 성수기와 비수기다. 거래가 얼어붙는 혹한기도 있다. 이러한 계절을 잘 타면 좋은 결과를 만들어낼 수 있다.

땅은 계절과 날씨를 많이 타는 종목인데, 실제 땅을 보러 가야 하기 때문이다. 예를 들어, 개발이 이뤄지고 있는 곳이라면 직접 공사 현장을 보러 가야 한다. 따라서 날이 좋은 봄과 선선한 가을이 성수기다. 이때 손님이 가장 많고 거래량도 가장 많다. 그렇다 보니 경쟁이 붙어 땅값이 올라간다. 이럴 때는 먼저 잡는 사람이 임자라고, 미리미리 움직이는 사람에게 더 좋은 기회가 돌아간다.

반대로 너무 춥거나 덥거나, 비나 눈이 오면 땅을 보기가 어렵다. 따라서 장마철이 대표적인 비수기다. 강력한 정부 정책이 발표될 때에도 비수기가 된다. 양도세나 농지법을 강화한다면 관망하는 사람이 많아져 거래량이 줄기 때문이다. 이렇게 시장이 얼어붙으면 급매로 나오는 물건들이 종종 있다. 각자의 사정 때문에 보다 저렴하게 물건을 내놓는 것이다. 이렇게 부동산의 계절을 잘 이용하면 내게 필요한 땅을 좋은 가격에 잘 잡을 수 있다.

10. 해당 지역 전문 부동산 유튜브나 블로그를 참고하라

우리가 전업 투자자라면 온전히 투자에만 집중할 수 있다. 관심 있는 지역을 하루 종일 돌아다닐 수도 있고, 부동산 이곳저곳 다니면서 관계를 맺고 좋은 물건을 물색할 수도 있다. 실제로 전업 투자자들의 경우 특정 지역에 투자하기로 마음먹으면 길게는 한 달까지도 체류하면서 정보를 얻고 시세와 현장에 대한 정보를 파악하기도 한다. 그러나 대개의 투자자들은 저마다 직업이 따로 있고, 각자 직업을 통해서 모은 돈으로 투자를 한다. 따라서 주말 외에는 시간을 내기 어렵고, 많은 정보를 모으기도 어렵다.

이럴 때는 해당 지역을 전문적으로 다루는 유튜브나 블로그를 참고하는 것도 굉장히 좋은 방법이다. 이들은 실제로 그 지역에서 부동산 중개 사무소를 운영하고 있거나, 적어도 그 지역에 대한 새로운 정보를 매일 업데이트하고 현장의 소식을 전해준다. 직접 가서 보기 어려운 지역도 대신 가서 드론을 띄우거나 사진 촬영을 해서 보여주고, 일반적으로 접하기 어려운 개발 공정률이나 진행 상황도 공유해준다. 내가 손품, 발품 팔아서 어렵게 얻어야 할 자료들을 지역 전문가들이 본인의 블로그나 유튜브에 공유해주기도 한다. 지역 정보와 시세, 개발 호재와 전망 등만 잘 보고 숙지해도 어디 가서 눈 뜨고 코 베일 일은 없다.

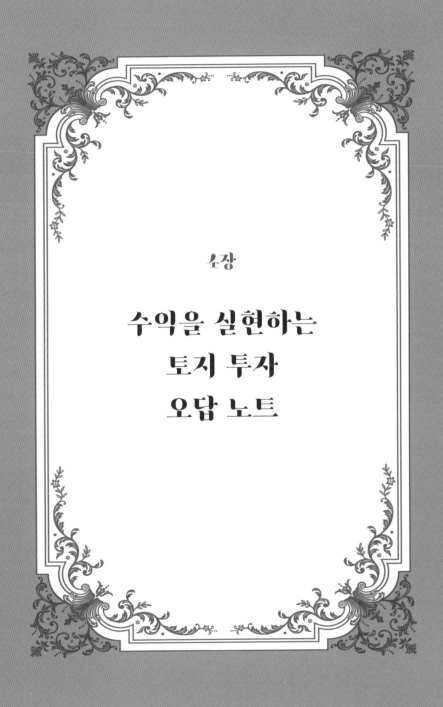

6장

수익을 실현하는
토지 투자
오답 노트

본능 앞에
원칙을 둔다

모든 투자가 마찬가지겠지만 투자는 냉철해야 한다. 기본적으로 움직이는 돈의 단위가 다른 땅 투자는 더욱 그렇다. 감정대로 하다가는 손해 보기 십상이다. 이 땅을 이 가격에 사면 수익을 낼 수 있다는 판단이 서면, 그 과정이 번거롭고 어려워도 결과를 만들어내야 한다. 기분이 상한다고, 상대방이 무례하다고 해서 계약을 없던 일로 한다면 그 자리에서 수천에서 수억을 날리는 일이 생기기도 하니 말이다.

나무 관련 사업을 수십 년 해온 부부께서 투자를 하러 방문하셨다. 땅을 사서 임업을 하다가 매도하고 재투자하는 식으로 상당한 재산을 형성한 분들이었다. 임업을 할 수 있는 좋은 토질을 갖고 있으면서 투자 가치가 있는 땅을 매입하기를 원하셨다. 마침 큰 도로에 붙어 있으면서 시세보다 저렴하게 나온 게 있어 바로 현장으로 안내해드렸다. 성토를 해야 하고 주변 지역이 아직 활성화되지 않았다는 게 단점이었지만, 부부가 원하는 조건에 정확하게 부합하는 땅이었다.

며칠 후 사겠다는 연락이 왔고, 매도인에게 연락해서 계약일을 잡았다. 계약 당일 부부는 자녀들과 함께 사무실에 약속 시간보다 일찍 도착하셨고, 땅을 한 번 더 보면서 만족해하셨다. 이미 땅을 어떻게 가꿀지 세부적인 계획까지 세워두었다고 하셨다.

그런데 예상치 못한 일이 벌어졌다. 땅 주인이 계약 시간이 되어도 나타나지 않는 것이다. 게다가 전화도 받지 않아 소개한 중개인이나 매수인 모두 당황스러운 상황이 되었다. 시간이 지나도 매도인이 연락조차 받지 않자 매수인은 자신이 얼마나 바쁜 줄 아느냐며 예정된 일정까지 취소하고 온 길이라고 짜증을 냈다. 무슨 사정이 생겼을지 모르니 일단 식사라도 하면서 좀 기다려보자고 권했고, 그렇게 시간이 더 흘렀다.

그제야 땅 주인에게 연락이 왔다. 오늘 계약하는 날인 거 깜빡하셨느냐고 물어보니 알고 계셨단다. 알고는 있었는데 운영 중인 사업장에 아르바이트생이 안 나와서 못 왔다는 것이었다. 가게도 닫고 약속도 미루고 멀리서 온 매수인들은 굉장히 기분 나빠 하셨고, 중개인 역시 황당했다. 아르바이트생이 오지 않아 늦을 거 같으면 연락을 해서 자초지종을 설명하면 될 일이다. 그런데 수십 통에 달하는 전화를 받지도 않고 약속 장소에도 나타나지 않았다. 왜 그랬을까? 진짜 이유는 딱 한 가지다. 바로 돈.

땅을 팔겠다고 내놓은 매도인은 막상 땅이 팔리니 본인이 너무 싸게 땅을 내놓은 게 아닌가, 팔까 말까 고민하는 단계로 접어든 것이다. 고민을 해도 답이 안 나오니 시간만 끌다가 그냥 약속일에 안 나와버린 것이다.

부동산 거래를 하다 보면 간혹 벌어지는 일이다. 중개하는 입장에서 이런 상황을 자주 경험하기 때문에 일단 땅 주인을 설득하고 또 설득했다. 그랬더니 일단 알겠다며 사무실로 오시겠단다. 가는데 1시간쯤 걸리는데 정리하고 오려면 2시간 정도 걸린다고 했다.

다행이라고 생각하고 매수인에게 2시간만 기다려보자고 했다. 그랬더니 이번엔 매수인 쪽에서 난리가 났다. 이렇게 매너 없는 사람과는 거래하고 싶지 않다고, 자기도 바쁜 사람이라며 땅 주인이 너무 자기 생각만 하는 것 아니냐고 온갖 불평불만은 다 늘어놓았다. 사장님 마음은 잘 알겠지만 땅 매매는 이렇게 감정적으로 하시면 안 된다고, 화가 나시겠지만 조금만 참으시라고 설득했다. 이 가격에 이만한 땅 찾기 힘들다고 몇 차례나 말씀을 드렸다. 실제로 좋은 위치의 땅이 시세보다 저렴하게 나와서 놓치면 아까운 물건이었다. 뒤늦게 매도인이 도착했지만 이미 감정이 상할 대로 상한 매수인은 결국 거래를 하지 않고 자리에서 일어났다.

그렇다면 그 땅은 어떻게 되었을까? 땅 주인은 값을 1억 원 더 올려서 다시 내놓았는데, 금세 팔렸다. 그 가격에도 구매할 만한 메리트가 충분히 있었기 때문이다. 임업을 하시는 부부는 그보다 더 싸게 살 수 있었음에도 그 기회를 놓친 것이다.

분명 땅 주인의 태도는 잘못되었고, 매입하는 입장에서는 화가 나는 게 당연하다. 하지만 때로는 인내해야 할 상황들이 있다. 나무 전문가 부부께서 조금만 더 감정을 추스르고 어떻게든 거래를 했다면 매입과 동시에 1억 이상 이익을 봤을 것이다.

감정은 지나가면 사라지지만 돈은 그렇지 않다. 순간의 선택이 평생을 좌우한다고, 그 순간 참을 인을 세 번만 썼다면 결과는 달라졌을 것이다.

투자는 이성적이어야 한다. 이성적으로 계산기를 두드려봐서 확실히 내게 이득이 된다는 판단이 들면 실행해야 한다. 상대방의 태도나 그날의 분위기는 부차적인 문제다. 투자하기 좋은 물건이라는 확실한 판단이 든다면 내 감정은 조금 뒤로 미뤄보자. 분명 뜻밖의 좋은 기회를 맞이하게 될 것이다.

귀를 열어야 할 사람은
따로 있다

어느 뜨거운 여름 주말, 장 부장님과 그 친구가 땅을 보러 왔다. 기업에서 중책을 맡고 있는 두 중년 남성들은 어려서부터 한동네에 살던 30년 지기 친구라고 했다. 장 부장님은 대기업에서, 친구분은 은행에서 근무 중인데 두 분 모두 지금까지 여러 투자를 해왔기 때문에 투자 마인드가 깨어 있었다. 또한 땅 투자에 대한 관심도 높고 현장 답사 경험도 많았기에 이야기가 잘 통했다. 두 분이 막역한 사이다 보니 이런저런 농담을 하면서 중개인과도 금방 가까워지게 됐고, 재미있고 즐겁게 현장 답사를 했다.

마침 좋은 위치에 상가로 건축 허가까지 난 토지가 있어서 바로 보여드렸고, 해당 물건이 마음에 든 장 부장님은 그 자리에서 가계약금까지 입금하는 등 일이 일사천리로 이루어졌다. 대출이 필요한 상황이긴 했지만, 친구가 은행을 다니는 터라 크게 문제될 것도 없었다.

그런데 3일 후, 본계약을 위해 다시 만난 날에 예상치 못한 문제가 생겼다. 계약자인 장 부장님이 이날 아내분과 함께 오셨는데, 표정이 정말 좋지 않았다. 사모님은 들어오자마자 씩씩거리며 말을 꺼냈다. "이 땅 시세보다 두 배나 비싸게 샀다던데요. 매수한 거 취소해주세요."

순간 당황스러웠다. 3일 전 가계약할 때는 분위기도 좋고 매수 결정도 화끈하게 하시더니, 그 사이에 대체 무슨 일이 있었던 것일까? 게다가 시세보다 두 배나 비싸게 주고 샀다고? 도저히 이해할 수 없는 노릇이었다.

"도대체 그런 이야기는 어디서 들으셨어요? 그럴 리가 없는데요." 사모님께 물었더니 이 지역을 잘 아는 지인이 그렇게 말했다고 한다. 토지를 사는 것에 대해서 부부간 협의가 안 된 상황이었고, 남편이 대뜸 가계약을 했다고 하니 사모님이 부랴부랴 알아보기 시작했던 것이다.

장 부장님이 산 땅은 큰 도로에 인접해 있고, 앞으로 톨게이트가 생길 곳과 가까운 거리에 자리한 그야말로 A급 토지였다. 하지만 사촌이 땅을 사면 배가 아프다고, 이 땅의 가치를 알아본 지인이 그냥 그럴 것 같아서 지레짐작으로 얼마쯤 한다고 질러버린 것이다. 화성 땅이니 화성에 사는 지인에게 물어보셨다는데, 그 지인은 화성에는 살지만 토지를 투자한 곳과는 30킬로미터 떨어진 동탄에 사는 사람이었고, 토지는 거래해본 적도 없는 사람이었다.

사모님께 차근차근 실제로 거래된 사례들과 나와 있는 매물들의 시세, 앞으로 있을 호재에 대해서 잘 말씀드리니 그제야 태도를 바꾸셨다. 땅에 대해서 잘 모르니 한없이 불안하고 막연해서 화가 났는데, 하나씩 듣고 보니 도리어 좋은 땅을 잘 고른 것 같은 기분이 드셨다나.

계약을 하고 나서 사모님이 근데 좋은 땅이면 사고 나서 바로 팔리는 거 아니냐, 바로 50% 비싸게 내놓아도 팔리겠느냐고 물으셨다. 좋은 땅은 원하는 사람이 계속 있으니 마음에 들지 않고 계속 불안하시면 팔아드리겠다고 답했다. 그제야 마음이 놓이고 확신이 드셨는지 잔금 날짜를 빠르게 하자고 하셨다.

지금 그 땅은 어떻게 되었을까? 매매 후 1년도 되지 않아 주변 땅값이 거의 두 배로 상승했다. 사모님이 희망했던 매입 가격보다 50% 비싸게 파는 것도 어렵지 않게 된 것이다. 그걸 알게 된 장 부장님 내외는 밝은 표정으로 사무실에 방문했고, 고맙다며 밥도 사주셨다.

잘 모르는 지인의 말만 믿고 계약을 파기했다면 가계약금은 가계약금대로 날리고 좋은 투자를 할 수 있는 기회도 날렸을 것이다. 전문성이 전혀 없지만 친한 사람과 상담을 해야 할까, 친하지 않지만 전문가와 상담을 해야 할까? 어떤 선택을 하느냐에 따라 내 투자 방향과 수익률도 갈리기 마련이다.

좋은 땅은
기다려주지 않는다

　토요일 오전 9시, 부인과 자녀까지 대동하고 홍 사장님이 오셨다. 홍 사장님은 식품 제조업을 하는 분으로 식품 저장 창고로 쓸 건물을 찾고 있었다. 흥미로운 점은 홍 사장님은 김포 토박이라 이 지역 사람이 아닌데 이 지역을 손바닥 보듯이 매우 잘 알고 있었다. 몇 달 동안 이 근방 부동산 중개업소를 샅샅이 뒤지고 다녔다고 한다.

　여러 부동산을 다니면서 물건만 수십 개 넘게 봤고 괜찮은 물건들도 있었지만 망설이다가 다른 사람들에게 팔렸다고 한다. 꽤 괜찮아서 검토하고 있으면 또 다른 부동산에서 이 물건이 더 좋다며 권했단다. 계속 그런 일이 반복되어 아직도 결정을 못 했다고 하시는데, 스스로 약간 우유부단한 성격이라고 하셨다.

　홍 사장님은 매물을 보고 나면 며칠간 탐문을 한다. 해당 매물

근처로 차나 사람이 얼마나 다니는지 유동인구도 파악하고, 동네 사람들을 만나면서 시세나 분위기에 대해서도 물어본다. 또한 잘 아는 건축사 사무실에 잘 지어진 건물인지도 한 번 더 파악한다. 자기 자산을 관리해주는 부동산에 자문을 구하기도 하고, 특별한 날까지 기다렸다가 절에 가서 스님에게도 물어본단다. 그러고 난 후에야 매매를 한다고. 너무 신중하고 따지는 게 많다 보니 의사결정을 쉽사리 못하는 것이었다.

그런데 좋은 매물이 어디 나 여기 있소, 하고 기다려주던가? 좋은 건 누구라도 좋은 걸 알아보는 법이다. 이것저것 따지는 사이에 누군가 채간다. 그동안 이 지역을 샅샅이 뒤지고도 적당한 건물을 찾지 못한 이유다.

홍 사장님이 원하는 조건을 듣고 나니 마침 딱 맞는 매물이 있었다. 원하는 규모에, 2차선 도로와 붙어 있으면서, 가격도 괜찮은 창고 건물이었다. 낡은 게 좀 흠이었지만 손을 살짝 보면 창고 겸 사무실로 사용하기에 부족함이 없었다. 홍 사장님은 이만 지쳤는지 그 창고 건물을 보고는 마당 크기가 아쉽지만 그래도 사용하기에는 괜찮으니 계약하겠다고 하셨다.

몇 달 후 지나가다 보니 리모델링을 싹 해서 잘 사용하고 있는 것 같았다. 그 지역 토지 가격도 오른 터라 내심 마음이 흐뭇했다. 그러고 나서 1년 후, 창고 뒤에 붙은 땅이 매물로 나왔다. 땅 주인은 앞에 창고를 가지고 있는 홍 사장님이 그 땅을 사는 게 좋다는 사실을 잘 알고 있었고, 적당한 가격에 땅을 내놓았다. 앞 땅의 70% 정도의 가격으로 내놓았는데, 사게 된다면 앞뒤 땅 전체 평균 매입가를 20%는 낮출 수 있는 절호의 기회였다.

기쁜 마음으로 홍 사장님께 연락을 드렸다. 바로 온다고 하면 어쩌나 하며 오후 약속을 취소할 마음까지 먹고 있었다. 그런데 이게 웬일인가. 이 땅을 매입할 의사가 없다고 하시는 게 아닌가. 이 땅까지 매입할 자금이 없다면 어쩔 수 없는 상황이었지만, 홍 사장님은 다른 땅을 사려고 알아보는 중이라서 이 땅을 살 여력은 없다고 하셨다. 그래도 이렇게 붙어 있는 땅이 적당한 가격에 나온 경우가 흔치 않다, 정말 좋은 기회니 이걸로 하시는 게 좋겠다고 권해드렸다. 홍 사장님은 고민해보겠다고 했다.

바로 붙어 있는 땅인 만큼 시설을 확장하는 데도 좋고, 큰 도로에 붙은 땅이 확장되는 형태이니 투자 측면에서도 좋은 기회였다. 이런 행운은 쉽게 찾아오는 것이 아니다. 그러나 홍 사장님은 긴 고민에 들어갔다. 강력하게 권하니 오히려 의심이 되었던 모양이다. 다른 데에도 좀 물어보고, 건축 사무소와 시청에도 들려보고, 아는 도사님한테 가서 점도 좀 본 이후에 결정하겠다고 했다.

2주 후 홍 사장님께 기쁜 목소리로 연락이 왔다. 딱 내가 주인이라면서 그 땅을 사겠다는 것이다. 하지만 이미 그 땅은 거래가 성사되어 다른 사람의 소유가 된 상태였다. 홍 사장님은 웃돈을 주고라도 되사고 싶다고 했고, 부랴부랴 새 주인에게 다시 팔면 안 되겠느냐고 연락했다. 새로운 매수인은 투자 목적으로 매입한 것이라 당

분간은 매도할 생각이 전혀 없다고 했다. 게다가 앞의 창고 주인이 땅이 부족해서 매입하려는 사실을 이제 알았으니, 만약에 판다고 해도 산 가격보다 훨씬 높게 쳐달라고 요구할 것이 뻔했다. 그렇게라도 내놓기만 한다면 좋은 상황인데, 어쨌든 확실하게 판다고 해야 고민할 수 있는 문제지 이제는 선택권이 전혀 없는 상황이 되어 버렸다.

이렇게 생각이 많고 스스로의 판단을 믿지 못하면 이런 일이 생긴다. 급할수록 돌아가고 돌다리로 두들겨보고 건너야 하는 법이라지만, 생각이 많은 것도 병이고 장고 끝에 악수 둔다고 긴 고민이 꼭 좋은 것만도 아니다.

인생사 타이밍이 중요할 때도 있다. 때로는 필요에 따라 빠른 판단과 결정을 내려야 한다. 땅 투자는 말할 것도 없다.

귀를 닫아야 할 사람도
따로 있다

흔히 말하는 '귀가 얇은' 사람들이 있다. 이런 사람들은 투자에 신중해야 한다. 남의 말 듣다가 손해 봤다는 사람이 한둘이 아니다. 심지어 유명 연예인들까지 남의 말 듣고 투자했다가 돈 날렸다는 경우가 허다하다. 돈에 관련된 일이라면 신중하게 접근할 것 같지만, 일확천금의 꿈이 강한 탓인지 누가 어디에 뭘 해서 부자가 되었다고 하면 우르르 쏠리는 경향이 강하다. '어떻게 투자하느냐' 보다는 '어디에 투자하느냐'가 더욱 큰 관심사다.

주식이나 아파트, 상가의 경우는 그나마 낫다. 자칭 전문가라는 사람들이 많고, 여러 채널을 통해서 장단점을 짚어주기는 하니까 말이다. 하지만 땅은 좀 다르다. 같은 부동산으로 묶여도 땅은 확실히 다른 시각이 필요하다. 아파트나 오피스텔, 상가처럼 바로 직접

적 수익을 얻을 수 있는 것이 아니기 때문이다. 게다가 땅은 보다 전문적 영역이다. 어떤 땅을 구매하고 개발하느냐에 따라 필요한 서류도 제각각이다. 그런 만큼 땅에 대한 확실한 정보를 일반적으로 접하기란 어려운 일이다.

그래서일까. 주변 사람들 말만 듣고 땅에 투자하다가 손해 본 사람들이 생각보다 많다. 상담하다 보면 예전에 지인이 추천해서 산 땅이 있다며 한번 봐달라는 분들이 있는데, 십중팔구 못 쓰는 땅이다. 해발 100미터 이상 되는 고지대에 있는 땅, 물에 잠기는 땅, 공원으로 쓰이고 있는 땅 등, "대체 이 땅 왜 사셨어요?"라고 물어보면 친구가 사라고 해서, 친척이 권해서, 회사 동료가 알아보고 좋다고 해서 등 대부분 비슷한 답변이 돌아온다. 혹시 그분들 중에 부동산 업계에 종사하거나 주변 분이라도 부동산 전문가냐고 물어보면 그건 또 아니라고 한다.

"거기 좋다던데 한번 투자해봐." "내 주변에 땅 보러 다니는 사람 있는데 소개해줄 테니 만나봐." 나와 친하거나 내가 믿는 사람이 이렇게 권하니 설마 내게 해될까 싶어서, 다 나 위해서 그러는 것이려니 하고 응하는 것이다. 물론 상대방도 그런 마음으로 권했을 것이다. 이왕이면 같이 좋으면 좋으니까. 그런데 생각해보면 그런 중요한 정보가 아무데나 돌아다닐까? 누구나 아는 정보라면 그것은 이미 생명력을 다한 것이다.

그러니 전문가가 아닌 사람의 말은 검증이 필요하다. 주변 사람들에게서 그런 정보를 들었다면 무작정 투자하지 말고 검증하는 과정을 필히 거쳐야 한다. 부자들은 자산관리는 금융 전문가에게 맡기고, 부동산 투자는 지역의 믿을 만한 중개소에 일임한다. 그야말로 전문가의 안목과 실력을 믿는 것이다. 이렇게 모두 일임해도 최종 선택은 본인이 직접 모든 정보를 꼼꼼히 수집하고 확인한 후에 내린다.

적어도 수천, 많게는 수십억씩 하는 것이 땅 투자다. 열심히 일해서 모은 돈을 친분과 한순간의 혹함으로 결정한다는 것은 위험한 일이다. 그 사람이 친하고 좋은 사람인 것과 전문가인 것은 다른 문제다. 투자의 결과를 떠안는 것은 오롯이 나의 몫이다. 누구도 책임져주지 않는다. 한순간의 실수로 돈도 잃고 친분도 잃는 우는 범해서는 안 된다.

좋은 땅은 가격이
말하지 않는다

땅을 살 때 가장 중요한 요소가 무엇일까? 대부분의 사람들은 땅 값에 민감하고 관심이 많다. 전화로 "싼 땅 있어요?", "급매로 나온 땅 있어요?"라는 질문을 많이 받는다. 조금이라도 저렴하고 조금이라도 할인된 가격에 땅을 사고 싶어 하는 사람이 많다는 증거다. 물론 투자 금액에 따라 수익률과 수익 실현 기간이 달라지는 건 사실이다. 그러니 땅값은 매우 중요한 요소임에 틀림없다.

그렇다고 싸게 나온 땅이 있다면 무조건 사고 봐야 할까? 그렇지 않다. 시세보다 저렴하게 나온 땅과 싸구려 땅은 전혀 다르다. 이 점을 확실히 알아야 한다. "싼 게 비지떡"이라는 말은 토지 시장에도 적용된다. 땅은 저마다의 위치와 가치에 따라서 가격이 매겨진다. 좋으면서 가격도 저렴하고 개발도 빨리 되는 그런 땅은 세상에 존재하지 않는다. 싼 땅만 찾아다니는 초보 투자자들이 실패하는 이유가 바로 여기에 있다.

누군가 나에게 와서 시세보다 싼 땅이 급매로 나왔으니 얼른 가서 보라고 하면 마음이 급해진다. 사기만 하면 앉은 자리에서 몇억 번다는 말에 심장이 뛰고 손이 떨린다. 이거 놓치면 아까워서 발 뻗고 잠도 못 잘 것 같다. 그래서 일단 계약금부터 넣고 본다. 이 가격에 나온 땅이 흔치 않다는데 무슨 고민이 필요하겠는가….

과연 그럴까? 땅의 경우 즉흥적이고 감정적으로 내린 결정의 수업료는 매우 크다. 작게는 수천, 크게는 수억인 경우도 생긴다.

부자들은 땅을 살 때에도 여러 가지 요소를 가지고 판단한다. 가격이 싸다고 해서 무턱대고 매입하지 않는다. 부자들은 말 그대로 돈값하는 땅을 선호한다. 돈이 많아서 비싼 땅을 사는 것이 아니다. 그 가격값을 하는 땅은 따로 있다고 믿는 것이다. 소재가 좋은 옷은 비싸지만 오래 입을 수 있고 되팔 수도 있으며 때로는 물려줄 수도 있다. 이런 이치다. 가치가 낮아 저렴한 땅보다는 어느 정도 가격을 주더라도 기본은 하는 땅들을 산다. 원하는 시기에 현금화를 할 수 있느냐 없느냐가 매우 중요하기 때문이다. 저렴한 땅은 묵히면 묵힐수록 가격은 올라가겠지만 현금화하는 데는 한계가 있을 수밖에 없다.

자금이 한정되어 있으니 이왕이면 조금이라도 저렴한 땅을 매입하고 싶은 마음은 이해한다. 하지만 집을 얻는 것만 해도 자금에 맞게 고르면 포기할 것들이 많아진다. 평수가 작거나, 방 개수가 적거나, 전철역에서 거리가 멀거나, 주변에 편의 시설이 부족하다. 땅도 역시 마찬가지다. 가격이 최우선이라면 이러한 요소들을 고려해야 한다. 물론 주식처럼 저평가 우량주인 땅도 분명 있을 것이다. 이런 땅은 사두면 절대 손해 보지는 않는다.

가격만 보고는 좋은 땅인지 아닌지 판단할 수가 없다. 땅은 가격 상승 여력이 있는지, 미래 가치가 있는지, 개발 전망이 있는지 등을 종합적으로 보고 평가해야 한다. 가격은 그런 고려 요소들 중 하나일 뿐이다.

지금 보이는 것이
전부가 아니다

개발이 100% 끝난 도시의 경우는 갑자기 도로가 신설되거나 넓어지는 경우가 거의 없다. 강남 테헤란로를 예로 들어보자. 천문학적 금액의 고층 빌딩이 빼곡하게 들어서 있는 이곳에 새 도로를 내거나 있는 도로를 넓히는 일이 가능할까?

반대로 이제 막 개발이 시작되는 곳은 하루가 다르게 모습이 바뀐다. 갑자기 도로가 생기기도 하고 넓어지기도 한다. 산업단지가 들어서기도 하고 아파트단지가 지어지기도 한다.

때문에 땅을 사려면 지금의 모습만 보고 사서는 안 된다. 나중에 이 땅이 어떤 모습으로 변모할 것인지 예측하면서 매입해야 한다.

대개의 투자자들은 현재의 모습을 굉장히 중요하게 생각한다. 땅 모양이 어떤지, 해가 잘 들고 보기에 좋은지, 경사가 높거나 낮은지, 남향인지, 배산임수인지, 도로가 잘 붙어 있는지 등 현재의 모습과 상태에 주안점을 두고 접근한다. 지금의 활용도와 가치에 포커스를 맞춰 투자를 할지 말지 결정하는 것이다.

투자하는 데 있어서 땅의 현재 가치는 물론 중요하다. 땅값은 단순히 미래 가치만 반영하지는 않는다. 현재의 쓸모도 포함되어 있는 것이다. 또한 투자하는 지금 투자자 마음에 들어야 매매라는 의사결정이 쉬워진다. 아마도 지금 좋은 땅과 지금은 안 좋지만 나중에 좋아질 땅 중에 고르라고 하면 열에 여덟아홉은 전자를 고르지 않을까 싶다.

하지만 이는 너무 단순한 판단이다.

평생 농사지을 땅을 찾는 게 아니라면 매수인도 언젠가는 매도인이 된다. '땅 투자'라는 게 대체 무엇인가? 땅으로 시세차익을 남긴다는 것, 즉 땅을 되팔아 수익을 남긴다는 뜻 아닌가? 그렇다면 사는 지금뿐만이 아니라 팔아야 할 언젠가를 생각하고 매입해야 한다.

지금 도로에 보기 좋게 붙은 땅이라고 해서 마냥 좋은 것만은 아니다. 일반적으로 2차선에 붙은 땅은 좋다고 평가받는다. 차도 다니고 건축 허가를 받기도 용이하다. 누가 봐도 도로에 접한 땅은 기본은 한다. 하지만 변수는 늘 따라다니는 법. 도로가 넓어지게 되면 도로에 붙은 땅이 도로로 사용될 수 있다. 예를 들어, 도로가 붙어 있어 돈을 제법 주고 땅을 매입했는데 도로가 확장되면서 도로에 붙어 있던 땅이 도로 그 자체가 된다면 어떨까? 살 때는 좋았지만 사고 나서 낭패를 보는 경우가 생긴다. 이럴 때는 팔 때도 불리하다.

땅의 현재 쓸모에만 너무 집중하다 보면 놓치게 되는 것들이 많다. 그러면 차후에 생길 변수에 대응하기가 너무 어렵다. 현재의 쓸모를 보되 미래 가치를 동시에 가늠해보고 판단해야 한다.

조바심은 반드시
후회로 돌아온다

띠리링. 사무실 전화가 울린다. 받아보니 다른 중개 사무소에서 매물을 추천받았는데 진짜 괜찮은 건지 궁금해서 알아보고 싶단다. 들어보니 딱히 투자를 권할 만한 매물은 아니었다. 그래서 왜 이 땅을 사려고 하는 건지 물었다. 돌아오는 답변이 이랬다.

"지금 땅이 별로 없고 이것마저 놓치면 올해는 땅 사기가 어려울 것 같아서요. 거의 마지막으로 남은 거라고 하던데 놓치면 아깝잖아요."

한국인의 특성을 설명할 때 빠지지 않는 단어가 '빨리빨리'라고 하더니, 땅을 살 때도 해당되는지 당장 이 땅 안 사면 내일 큰일 나는 것처럼 구는 사람들이 있다. 주변에 누가 땅 사서 큰돈 벌었다고 하면 배도 아프고 뒤떨어지면 안 될 것 같아서 나도 얼른 뭐라도 해야지 하는 생각에 사로잡힌다. 그래서 "지금 아니면 이 위치에 땅 살 기회 절대 안 옵니다!"라는 말을 들으면 혹하다 못해 속된 말로 '영끌'이라도 해서 사야 할 것 같다.

이렇게 산 땅이 과연 좋은 결과를 안겨줄까?

마음이 급해서 하는 선택은 대부분 나중에 후회로 돌아온다. 이럴 때일수록 한 발 떨어져 객관적으로 생각해봐야 한다. 사람이 마음이 급하면 시야가 좁아진다. 급할수록 돌아가라는 말이 괜히 있는 것이 아니다. 하물며 수천, 수억씩 드는 땅 투자에 관해서는 말할 것도 없다.

물론 망설이다 놓치는 경우도 분명 있다. 여기서 말하는 것은 땅을 사기 전까지는 필요한 정보를 모으고 다각도로 생각해보는 시간이 필요하다는 의미다. 땅을 사겠다고 결정했으면 후속 행동은 신속하게 해야 한다. 급한 것과 신속한 것은 다르다. 주저하는 것과 신중한 것도 다르다. 이 차이를 모른다면 잘된 투자를 하기 어렵다.

우리는 가전 하나 사는 것에도 많은 고민을 한다. 냉장고 하나를 바꾸더라도 삼성 것을 살지, LG 것을 살지, 몇 리터짜리를 살지, 크기나 색상은 무엇으로 할지, 하이마트에 갈 것인지, 대리점에 갈 것인지, 인터넷 최저가로 살 것인지 고민하고 결정한다. 수백만 원 하는 가전을 사는데도 이러면서 왜 수천, 수억씩 투자하는 땅을 살 때는 한없이 쿨해지는 걸까? '땅이 어디 가는 것도 아니고 이 정도면 훌륭하지', '고민이 너무 많으면 좋은 땅 다 놓치고 못 사'라고 생각하며 아주 과감하게 결정한다. 그러고는 나중에 사놓은 땅을 치며 후회한다.

부자들의 경우 아무리 좋은 물건이라고 해도 무작정 사들이지 않는다. 고려해야 할 요소들을 충분히 살펴본 후에 결정을 내린다. 그 사이에 혹시 물건이 나간다고 해도 크게 미련을 갖지 않는다. 나와는 인연이 없다고 생각하고 마음을 접는다. 좋은 땅은 또 나오게 마련이니 초조하게 굴지도 않는다. 다른 좋은 땅이 나오면 다시 처음부터 시작하면 될 뿐이라고 생각한다. 그리고 결국 원하던 좋은 땅을 손에 넣는다. 놓친 것이 더 큰 이득이 되어 돌아오는 것이다.

목적이 없으면
수익도 없다

경험상 아파트가 많은 지역에서 나고 자란 분들의 경우 땅을 소유하고 있거나 땅을 사본 적이 거의 없는 것 같다. 아주 간혹 조부모님이나 부모님이 돌아가시면서 남겨주고 간 한적한 시골 땅이 있는 사람도 있긴 하지만, 대도시의 사람들은 땅을 '처음' 사는 경우가 참 많았다.

물론 누구에게나 처음은 있다. 땅부자들이라고 해서 처음부터 땅부자였을까. 다만 어떤 처음을 겪느냐에 따라 이후의 태도가 달라진다.

처음 땅을 사는 사람들이 겪는 가장 큰 문제는 '땅을 사는 목적'이 없다는 것이다. '이게 무슨 소리야. 땅 사는 것 자체가 목적이지… 땅 사두면 손해 보는 일이 없을 텐데?' 이렇게 생각할 수도 있다. 하지만 그렇지 않다. 아무런 목적 없이 땅을 사게 되면 손해를 본다. 남들 사니까 나도 한번, 누가 땅 사는 게 좋다고 하니까 어디 한번, 괜찮은 땅 소개해준다고 하니 그럼 한번… 이러다가는 본인의 의도와는 전혀 상관없는 땅을 사게 되고, 결국에는 낭패를 보기 십상이다.

어떤 목적으로 땅을 구매하는지를 정확하게 해야 한다. 시세차익을 남길 목적이면 땅값이 오르는 지역을, 농사를 지을 요량이라면 작물이 잘 자라는 토질을, 건물을 올리려고 한다면 지반이 탄탄한 땅을, 경치 좋은 땅을 원한다면 주변 경관을 우선적으로 고려해야 한다. 이런 목적이 없으면 아무리 싸게 땅을 구매한들 의미가 없다.

상담 고객 중에 거주하던 아파트를 팔고 전원주택을 지어서 이사를 계획하던 분이 있었다. 아파트가 매매 계약이 되어 서둘러 주택을 지을 땅을 알아봐야 하는데, 급매로 나온 땅이 있다는 말에 덜컥 사버리셨단다. 가서 보니 건축 허가가 안 나오는 땅이었고, 허가가 난다고 해도 주변 환경을 보아하니 거주할 만한 곳이 못 되었다. 결국 땅을 놀려두고 인근의 아파트에 다시 전세로 들어가는 수밖에 없었다.

생각보다 이런 사례가 굉장히 많다. 목적에 맞는 땅이 아니라 가격 혹은 다른 이유로 땅을 구매하면 이런 경우가 생긴다. 예를 들어, 거주할 집을 지을 사람은 그 목적에 맞게 땅을 구해야 한다. 도로도 있고 주변에 편의 시설도 있어야 하며 건축 허가도 나와야 한다.

단순히 투자가 목적이라면 이런 부분은 고려 사항이 아니다. 위치 대비 저렴하고 돈이 되는 땅이라는 판단이 들면 구매하면 된다. 아파트는 아파트대로 팔았는데 산 땅이 원래의 목적에 맞게 구실을 못 한다면 결국 전셋집이라도 얻어야 하니, 대략만 봐도 손해가 얼마인지 계산이 될 것이다.

어떤 요리를 할지 정해야 그에 맞는 식재료를 구입할 수 있는 것처럼, 목적이 정해져야 그에 알맞은 땅을 살 수 있다. 냉장고 파먹기를 하겠다고 해도 냉장고에 있는 식재료를 정확히 파악해야 요리가 나오는 법이다. 즉, 내 필요에 의한 정확한 그림을 그릴 수 없는 땅이라면 사봤자 무용지물이라는 의미다.

목적이 없으면 필요 없는 엉뚱한 땅을 사게 된다. 땅을 구입하려는 목적과 성격을 명확히 해야 한다. 그래야 실패하지 않는다.

토지 투자의 시작과 끝, 개발 호재

땅이 매력적인 이유는 무엇이든 될 수 있기 때문이다. 아파트는 아파트, 상가는 상가, 공장은 공장일 뿐이다. 하지만 땅은 그 위에 무엇이든 생길 수 있고, 다른 형태로 변할 수도 있다. 도로가 없던 맹지에 도로가 생기거나 개발이 안 된 지역 인근에 역이나 산업단지가 생기면서 가격이 크게 오를 수도 있다.

다만 어떤 형태이든지, 땅을 사서 농사를 짓든, 전원주택이나 공장을 짓든, 사놓고 그냥 놀리든 간에 땅값이 올라야 제대로 샀다고 할 수 있다. 땅값이 상승하는 이유는 땅에 가치가 생성되거나 오르기 때문이다. 땅에 가치가 생기는 데에는 여러 가지 이유가 있겠지만 가장 큰 것은 인근에 새로운 개발 건일 것이다. 따라서 땅을 살 때에는 개발 호재가 있는지 살피는 것이 중요하다. 사람들이 역세권 땅, 산업단지나 인터체인지 인근의 땅을 찾아다니는 것도 바로 이런 이유다.

땅 투자에 있어서 개발 호재만큼 중요한 것은 없다. 그렇기에 제대로 된 정보를 아는 것이 중요하다. 신문을 가까이하라는 이유도 이 때문이다. 어떤 새로운 경제 정책이나 도시 계획이 세워질 때 신문처럼 객관적 시각으로 다각적으로 조명해주는 것도 드물다. 유튜브

전문가들에게도 도움을 받을 수 있지만, 일부 유튜브들은 검증되지 않은 주관적인 정보들도 많이 올리기 때문에 쓸 만한 정보인지 비판적으로 구별하는 것이 필요하다.

개발 호재가 있다고 해서 무작정 달려드는 것도 금물이다. 최소한 그 지역에 가서 직접 보고 듣고 하면서 필요한 정보를 모으고 확인하는 작업이 필요하다. 현재 어떤 상황인지, 앞으로 개발될 계획은 무엇인지, 실제 진행되고 있는지, 진행되고 있다면 어디까지 진행되었는지, 시세와 거래량은 어떤지, 그에 알맞게 투자자들이 많이 오고가는지 등을 살펴봐야 한다. 계획만 나오고 실행은 지연되거나 무산되는 경우면 그 손해는 결국 내가 떠안아야 한다.

전문가의
확인을 거쳐라

부자들의 주변에는 참 많은 전문가들이 포진되어 있다. 법률 자문을 맡아줄 변호사, 금융자산을 관리해주는 자산관리사, 세무 처리를 담당해주는 전속 세무사, 부동산을 관리해주는 부동산 전문 관리 사무소…. 전부 다 직접 관리할 시간은 없고 돈은 많으니까 그러는 것일까? 절대 그렇지 않다. 전문가들을 고용함으로써 시행착오와 시간 낭비를 줄이는 것이다.

우리는 모두 각자의 영역에서는 전문가이지만 한 발 벗어나면 문외한이다. 어설프게 직접 처리하려고 하다가는 오히려 시간 낭비, 돈 낭비를 하기 쉽다. 빈 수레가 요란하다고, 적당히 아는 상황에서 자신감만 넘쳐 일을 그르치기도 한다. 신입직원들이 의욕이 넘치다 못해 일을 그르치는 것과 비슷하다. 기획 부동산에 사기당한 사람들 중에 변호사나 세무사 등 전문직 종사자들이 생각보다 많다는 것도 이런 점을 시사한다.

30년간 임차로 공장을 운영해온 사장님이 있었다. 이제는 내 땅에 내 공장을 직접 지을까 싶어 부지를 알아보고 다니다가 마침 누군가 위치 좋은 곳에 저렴하게 나온 땅이 있다기에 바로 계약하고 잔금을 치렀단다. 그런데 이게 웬일? 공장을 지으려고 하니 허가가 나오질 않았다. 그 종목으로는 허가가 나오지 않는 부지였기 때문이다. 결국 사장님은 그 땅에 공장을 짓지 못하고 다른 공장 건물을 임대해 들어가야 했다.

사장님의 실수는 딱 하나였다. 계약하기 전에 토목 사무소나 건축 사무소에 건축이 가능한 땅인지 확인하지 않은 것이다. 적어도 중개 사무소에 건물을 지으려 한다고 언질을 했다면 부동산 사장님이 건축 가능 여부를 확인해줬을 것이다.

위치도 좋고 저렴하게 나왔다고 하니 마음이 급해서 혼자 결정하다가는 이런 사달이 난다. 땅뿐만 아니다. 집이나 상가 등 부동산을 구매할 때 부동산 중개인이 거래할 때 질문이 많은 이유는 별다른 게 없다. 전문 중개인으로서 손님의 손실을 줄이면서 딱 맞는 매물을 골라주기 위함이다. 이를테면 공장이나 창고를 짓는 경우와 주택을 짓는 경우는 면적부터 입지까지 전혀 다르기 때문에 정확하게 알아야 목적에 맞는 땅을 구해줄 것이 아닌가.

어떤 분야에서 전문가로 불리는 사람들은 그 일로 먹고 사는 베

태랑들이다. 공인 중개사라 불리는 부동산 중개인도 마찬가지다. 사전적으로도 분명 '중개를 전문으로 할 수 있는 법적 자격을 갖춘 사람'이라고 되어 있다. 그만큼 각종 소식을 접하고 자료를 찾으면서 전문성을 갖추고 있다. 거래의 안정성을 중시하면서 손님에게 딱 맞는 좋을 물건을 발굴하려고 애쓰고 있는 만큼 중개인과 상의하면 보다 좋은 결과를 얻을 수 있다.

꼭 중개인을 통해서 물건을 구매하라는 의미는 아니다. 다만 시행착오를 줄일 수 있으면 그렇게 하는 것이 좋다는 의미다. 한두 푼드는 투자가 아닌데, 최소한의 확인은 필요하지 않겠는가.

"이 땅 사려고 하는데, 제 목적에 맞게 건축이 가능할까요?"

이 질문이라도 꼭 해보자. 그 질문 하나로 많은 것이 달라진다.

계약서보다
서류가 먼저다

땅을 잘 봤다면 이제 잘 사는 일만 남았다. 땅을 산다는 건 계약을 한다는 의미다. 세상 모든 일이 그렇지만, 특히 계약은 참으로 중요한 일이다. 계약서 잘못 쓰는 바람에 분쟁에 휘말리는 사람이 어디 한둘인가. 땅도 예외일 수는 없다. 계약서를 잘 쓰는 일은 중요하다. 하지만 더 중요한 것은 계약서를 쓰기 위한 서류를 그 전에 잘 살펴보는 일이다.

땅은 건물과 달리 여러 가지 체크할 사항이 많다. 건축할 수 있는 땅인지 도로와 배수로 등을 확인해야 하고, 농지의 경우는 매입 시 농지취득증명원이 필요하니 발급받을 수 있는지 체크해야 한다. 용도 변경을 하려면 허가를 받아야 하고, 농지의 경우는 매입할 때 현지인이어야 하는 등 조건이 붙기도 한다. 땅을 샀는데 주인 모를 묘라도 발견된다면 그 또한 처리하는 데 시간과 비용이 들어간다. 따라서 이러한 부분들을 서류상으로 꼼꼼히 확인하고 문제가 없을 시에 계약을 진행해야 한다.

계약 전에 챙겨야 할 서류들에는 어떤 것들이 있을까? 살펴보도록 하자.

등기사항전부증명서

흔히 '등기부등본'이라 일컫는 것이다. 표제부와 갑구, 을구로 구성되어 있다. 표제부는 토지의 표시, 갑구는 소유권에 관한 사항, 을구는 소유권 이외의 권리에 관한 사항을 나타낸다. 이를 통해 내가 매입하려는 토지의 정확한 주소와 면적, 지목, 실소유주, 근저당권 등을 확인할 수 있다. 실제와 다르지 않은지, 근저당 설정의 경우 계약일까지 변제될 수 있는 상황인지 꼭 확인해야 한다.

토지이용계획원

특정 토지의 현황과 규제 상황 등을 파악할 수 있는 자료다. 토지의 주소와 면적, 지목 외에도 개별 공시지가 등이 표시된다. 또한 해당 토지가 어떤 지역으로 지정되었는지, 즉 상업 지역인지 주거 지역인지 공업 지역인지 토지거래계약에 관한 허가구역인지 개발제한구역인지 가축사육제한구역인지를 알 수 있어 땅의 가치를 파악하는 데 도움이 된다. 규제가 걸려 있으면 땅 개발에 한계가 있으니 계약서를 쓰기 전에 꼭 확인해보는 것이 좋다.

토지대장

토지대장에서는 해당 토지의 주소와 면적, 지목 외에도 소유권 이전 사항과 연도별 공시지가를 확인할 수 있다. 토지대장을 확인해야 하는 이유는 계약서나 등기사항전부증명서에 표시된 사항이 토지대장과 다를 수가 있기 때문이다. 이 경우 지목과 면적에 관한 사항은 토지대장이 우선하지만 소유권 변동에 관한 것은 등기사항전부증명서가 우선이다. 미리 확인해서 추후에 생길 위험 요소를 차단하는 것이 좋다.

건축물대장

사려는 토지 위에 건축물이 있다면 건축물대장도 살펴봐야 한다. 해당 건물의 주소와 지역, 대지면적과 연면적, 주구조와 주용도, 층수와 높이 등 건축물에 대한 상세한 정보를 얻을 수 있다. 공부상 기록된 면적이 거래 시 중요한 기준이 되기 때문에 건물을 포함해 취득할 경우 공부상 기준과 일치하는지 파악하는 것이 좋다.

계획 안에서
실행하라

분당에 산다는 한 부부가 땅을 사러 왔다. 공직에서 일하는 분들로 굉장히 신중하고 차분한 성격의 소유자였다. 땅 투자는 처음이라서 예산 3억 원 정도로 무리하지 않는 선에서 진행하고 싶다고 한다. 그런데 땅을 보면 볼수록 욕심이 나셨는지 5억까지는 가능하다고 예산을 상향 조정했다.

"알겠습니다. 그러면 2억에 달하는 자금은 어떻게 조달하실 건지요?" 이 질문에 부부는 대수롭지 않게 답했다. 급한 대로 주변에 빌리거나 부모님께 말씀드려보겠다고. 이는 아무런 계획이 없다는 말과도 같다. 주변 사람들이, 부모님이 도와주지 않는다면 어떻게 되겠는가? 잔금을 치르지 못해 계약은 파기될 것이다. 5억짜리 땅이라면 계약금이 5,000만 원이다. 그러면 5,000만 원을 고스란히 날리게 된다. 이런 계약을 그냥 진행하도록 두고 봐야 할까?

무리를 해서 생길 경우의 수를 설명하고 설득해서 원래의 계획대로 3억 원 정도의 땅을 구매하도록 권했다. 부부는 권유를 받아들였고 안전한 수준에서 무리 없이 투자해 결국 첫 땅 투자를 성공적으로 마쳤다.

그러고 보면 참 묘하다. 땅을 중개하다 보면 평소에는 굉장히 신중하고 차분한 사람이라도 땅 매매를 할 때에는 즉흥적이고 감정적으로 변하는 모습을 간혹 보게 된다. 구체적인 자금 조달 계획 없이 일단 계약부터 하고 보는 사람이 있는가 하면, 예산을 훨씬 상회하는 물건인데도 욕심에 눈이 멀어 무리하게 계약하는 사람도 있다. 투자할 마음이 없는 일가친척들까지 끌어들여서 일을 크게 벌이는 사람도 있다. 잘되면 다행인데, 사실 무리하고 성급한 투자가 잘되는 경우는 매우 드물다. 그러면 본인뿐만 아니라 가족까지도 손해를 보게 되며 불화가 생기기도 한다.

시야가 좁아 딱 땅 살 대금만을 투자 자금으로 여기는 사람도 있다. 집을 사본 사람이라면 알겠지만, 집을 살 때 필요한 돈이 어디 매매 대금뿐이던가. 중개 수수료는 물론이고 취등록세, 소유권 이전 비용 등이 더 들어간다. 땅도 마찬가지다. 그리고 당연하게도 매매 대금이 커질수록 부대 비용도 커진다. 10억짜리 임야를 매입하면 부대 비용이 5,000만 원이 넘는다. 매매 대금만 생각하고 취등록세 등의 비용을 미처 생각하지 못해 잔금만 치르고 소유권은 한참

후에나 이전된 경우도 있다.

소유권이 미뤄지는 정도면 그나마 다행이다. 언제 돈이 들어올 예정이라 그에 맞게 잔금 치르는 날짜를 설정해두었는데 그날 돈이 입금되지 않았다면? 계약이 물 건너갈 수도 있는 일이다. 심지어는 산 물건을 바로 되팔아야 하는 경우도 생긴다.

간혹 지난달에 거래되어 소유권이 이전된 땅이 다시 매물로 나오는 경우가 있다. 10억에 산 물건이 12억에 나온 경우는 단기 투자에 성공한 케이스다. 그런데 10억에 산 물건이 9억에 바로 나온다면? 이는 백이면 백 무리한 투자로 인해 자금이 달려서 다시 나온 것이다. 융통할 수 있는 모든 돈을 모아 투자했는데 급하게 돈이 나갈 곳이 생겼다든가 정해진 날짜에 들어올 돈이 들어오지 않은 것이다. 자금 계획을 꼼꼼히 세우지 않은 탓에 벌어지는 일이다.

이렇게 자금 계획을 단편적으로 세우면 낭패를 보기 쉽다. 따라서 구체적인 자금 계획을 세워야 한다. 어느 정도의 기간을 두고 어느 정도의 예산을 투자할지, 자금 조달은 어떤 식으로 할지 구체적인 계획을 세워두고 점검해야 한다.

예산에 맞지 않으면 과감히 투자를 접을 줄도 알아야 한다. 눈앞의 이익을 쫓아 과한 욕심을 부린다면, 그것은 투자가 아니라 도박이다. 돈이 많은 부자들도 항상 예상치 못한 변수에 대비해 위험을 관리한다. 항상 여유 자금을 현금으로 보유하면서 예상치 못한 지출에 대비한다.

돈이 항상 우리의 예상대로 움직여주는 것은 아니다. 과유불급이라고 지나치면 화를 부를 수 있다. 예상치 못한 상황에 직면해 큰 손실을 입는 것보다 꼼꼼한 자금 계획을 통해 작더라도 성공을 거두는 것이 낫다.

땅에 걸린
채무 관계를 확인하라

땅을 매매할 때는 땅에 걸린 채무가 있는지 없는지 확인하는 것
도 매우 중요하다. 계약서를 쓸 때 기본적으로 채무는 변제하는 것
이 원칙이긴 하지만, 그 땅이 단독으로 채무를 잡혔느냐 다른 땅과
연계해서 잡혔느냐에 따라 해결이 복잡해지기도 하고, 다른 이해관
계가 얽혀 있다면 그로 인한 손해를 볼 수 있기 때문이다.

계약서에 채무 변제를 못 박는 것은 해결을 전제로 하기 때문이
다. 그래서 해결될 수 있는 상황인지 아닌지 파악하는 것이 중요하
다. 그렇지 않으면 매우 골치 아픈 땅을 떠안게 될 수도 있다. 생각
해보자. 땅을 담보로 은행 대출을 받을 때 아무리 많아봐야 대출금
이 땅값을 넘지는 못한다. 예를 들어 5억짜리 땅을 담보로 은행에서
대출을 받는다고 하면 4억을 초과하지는 못한다. 만에 하나 대출받

은 땅 주인이 은행에 돈을 못 갚을 경우 은행은 경매를 통해 대금을 변제받는데, 이때 연체 이자와 경매 비용을 산정하기 때문에 매매가의 80% 이하로 대출이 나오는 게 보통이다.

그런데 대출금이 매매 대금보다 큰 경우가 있다. 다른 땅과 공동으로 담보로 잡혔을 때다. 5억짜리 땅 두 개를 묶어 담보를 잡아 6억을 대출받은 경우인데, 그러면 하나의 땅만 팔아서는 모든 대출금을 갚을 수 없다. 따라서 일정 금액을 변제하면 하나의 땅에 걸려 있는 근저당권을 해제할 수 있는지 꼭 확인해야 한다. 그렇지 않다면 채무가 명확하게 변제되지 않아 곤란한 상황에 빠질 수 있다.

공장이나 창고 등 사업장으로 쓰이던 땅을 거래하는 경우에는 고지되지 않은 별다른 비용이 없는지 파악해야 한다. 공장에서 일하던 근로자들이 못 받은 임금이라든지 거래 대금을 바꾼 주인에게 갑작스레 요구하는 경우가 있기 때문이다. 법적으로는 책임이 없을지 몰라도 돈 받을 길이 막막해진 사람들이 다짜고짜 달려들어 귀찮게 군다. 이 때문에 울며 겨자 먹기로 일부 대신 변제해주는 사람도 간혹 있다.

건축 등에 들어간 대금을 지급하지 않아 유치권이 걸려 있는 경우도 있다. 유치권이 걸린 건물인지 모르고 매매해 소유권을 넘겨받은 경우 유치권자가 유치권을 행사하면 땅 주인으로서 제대로 된 권리를 행사하기 어렵다.

땅에 붙은 도로의 성격을
파악하라

건물을 올린 땅을 알아보러 갔다. 마침 도로에 붙어 있고, 가격도 싼 땅이 나왔다. 이런 좋은 땅이 나오다니, 하며 바로 계약을 했다. 잔금을 치르고 소유권도 넘겨받았다. 자, 이제 건물을 올리는 일만 남았다. 그래서 여기저기 알아보기 시작하는데, 아뿔싸! 건축 허가가 안 나오는 땅이란다. 대체 이를 어쩌나?

'도로에 붙은 땅은 건물을 지을 수 있으니 좋은 땅이다.' 많은 사람이 이렇게 생각한다. 틀린 말은 아니지만 전적으로 이 말만 믿고 땅을 거래하다가는 이와 같은 큰일이 생긴다. 단순히 투자 목적으로 샀다고 해도 문제다. 건축물을 지어 가치를 올려서 되팔 계획이었다면 시작부터 어그러진 셈이기 때문이다.

그래도 이 정도는 그나마 나은 상황이다. 올리려는 건물이 창고

나 공장이었다면? 혹은 주택이었다면 어떻게 될까? 새로운 창고나 공장 건물을 얻어야 하고, 새 집을 얻어야 한다. 그렇게 되면 비용이 이중 삼중으로 더 든다. 이미 땅을 산 자금도 회수 불가능한 상황에서 말이다. 따라서 도로가 붙어 있다고 해서 무조건 안심, 투자해도 되는 땅, 땅땅땅! 결론지어서는 안 된다. 붙어 있는 도로의 성격을 파악해야 한다.

도로는 공도와 사도로 나눌 수 있다. 사도는 일반인이 토지의 일정 면적 사용을 포기하고 자비를 들여 포장도 하는 등 내 땅을 도로로 이용하기 위해 만들어놓은 것이다. 누가 이 도로를 공짜로 사용하려 한다면 주인이 가만히 있겠는가. 그렇기 때문에 매입하고자 하는 땅이 사도에 붙어 있는지 아닌지 확인을 해야 하며, 사도에 붙어 있다면 주인에게 사용 허락을 받아야 한다. 주인의 허락을 받는다 함은 사용료를 낸다는 것이다. 아니면 땅을 매입할 때 사도까지 사들이면 된다.

그나마 이는 돈으로라도 해결 가능하니 다행이다. 사도 주인이 곧 죽어도 안 된다고 하면 소용이 없다. 도로를 이용할 수 없기 때문에 건축을 할 수가 없다. 물론 오랫동안 공용의 도로로 쓰인 사도는 주인이라고 해도 무턱대고 다른 사람들의 통행을 막거나 방해할 수는 없다. 하지만 건축을 하기 위해서는 땅 밑에 상하수도 및 배수로 등을 내야 하는 만큼 땅을 파야 하기 때문에 결국 사도 주인의 허락이 필요하다.

'나는 이러한 사실을 모르고 매입했으니 계약을 무를 수 있지 않을까?' 이렇게 생각할 수도 있다. 하지만 매도인이 건축이 되는 땅이라고 고지했다거나 특약에 건축 관련 사항이 명시되어 있지 않다면 계약을 없던 걸로 하거나 매도인에게 손해배상을 청구하기란 쉬운 일이 아니다.

땅 주인의 평판을
확인하라

매입하려는 땅의 주인이 주변 사람들과 어떤 관계를 맺고 있는지도 파악해두면 도움이 된다. 사실 이런 문제는 부동산 거래 시 딱히 고려되는 요소는 아니다. 이전 사람들의 관계 문제니 새로운 주인이 된다고 해서 뭘 어떻게 할 수 있는 것도 아니다. 그럼에도 이러한 요소가 은근히 많은 영향을 미친다.

최근 한 손님이 전원주택을 지을 땅을 하나 매입했다. 매도인은 매우 좋은 땅이라 내놓기 아까울 정도라며 동네 사람들도 다 친절하고 집터도 좋은 만큼 살기 좋을 거라고 호언장담했다. 덕분일까, 거래도 수월하게 진행되었다. 그런데 주택을 짓는 공사를 시작하니 문제가 생겼다. 이웃 주민들로부터 민원이 끊이질 않았다. 공사 소리가 시끄럽다, 대형 덤프트럭 때문에 매연이 심하다, 흙먼지가 날려서 목이 아프다 등… 심지어 트랙터로 진입로를 막는 일까지 벌어졌다.

왜 그러는 것일까? 동네 주민들이 텃세를 부려서? 외지 사람들을 배척해서?

알고 보니 전 주인이 동네 사람들과 사이가 좋지 않았던 것이 현재에도 영향을 준 탓이었다. 전 주인이 자기 땅에 산업폐기물을 방치해 악취도 나고 동네 미관에도 영향을 주는 등 피해를 입혔단다. 동네 주민들이 여러 차례 찾아가 치워달라고 부탁도 하고 어르기도 해봤지만 들어주기는커녕 오히려 내 땅에서 내가 그러겠다는데 무슨 상관이냐고 나오자 끝내는 억박지르고 서로 고성을 질러가며 싸우는 등 사이가 벌어지기만 했던 것이다.

이런 상황이니 거기서 뭘 하겠다고 하면 곱게 보일 리가 없었고, 결국 새 주인과 본 중개인이 나서서 일일이 동네 주민에게 상황 설명을 하고 양해를 구한 뒤에야 순조롭게 공사를 진행할 수 있었다.

반대의 경우도 있다. 작은 창고를 지을 땅을 찾는 손님이 있었는데, 다행히 전 주인이 동네의 오랜 거주민인데다 이장까지 역임하시는 등 동네 사람들과 두루두루 사이가 좋아서 일이 착착 잘 진행되었다. 대상 물건이 사도에 접해 있어서 사도 주인에게 동의를 받아야 했는데 흔쾌히 응해주었다. 보통 사도 이용료를 수백에서 수천까지 요구하는 것이 일반적인데 그런 것도 없이, 사도 주인을 포함해 사도를 공유하던 다른 동네 분들에게 식사 한 끼 잘 대접하는 것만으로도 흔쾌히 도로 사용을 허락해주어 공사를 잘 진행할 수 있었다. 전 주인 덕에 새 주인이 시간과 비용을 모두 아낄 수 있었던 것이다.

사소하다면 사소한 문제지만, 이런 사소한 문제로도 시간과 비용이 크게 달라질 수 있으며, 심적인 영향도 받을 수 있다. 그런 만큼 신경 쓸 여력이 된다면 이런 부분도 살펴보는 것이 좋다.

땅값 저해 요소를
파악하라

몇 번이고 반복하지만 땅을 사는 순간 다시 팔 때를 생각해야 한다. 지금은 매수인이지만 언젠가는 매도인이 된다는 것을 염두에 둬야 한다. 특히 시세차익을 노릴 목적이라면 지금 매입한 땅이 나중에 잘 팔릴 땅인지를 다각적으로 살펴보고, 땅값 상승에 저해 요소는 없는지 확인해야 한다. 그렇지 않으면 나중에 되팔 때 시간이 오래 걸리는 것은 물론이고, 시간이 지났음에도 가격이 오르기는커녕 외려 가격이 내려가 본전도 못 찾을 수 있기 때문이다.

땅값 상승을 막는 대표적인 것이 바로 혐오 시설이다. 따라서 내가 매입하고자 하는 땅 주변에 혐오 시설이 없는지 확인해봐야 한다. 대표적인 혐오 시설은 쓰레기 매립/소각장, 유류 저장소, 화장터, 분뇨 처리장 등이다. 아무래도 이러한 시설들이 인근에 있으면 땅값이 크게 오르기는 어렵다. 이 정도 수준까지는 아니더라도 인근에 축사나 죽은 연못 등이 있어서 악취가 심하거나 해충들이 많다면 이 역시 고려 사항이 된다. 같이 동물을 기르거나 농사를 지을 요량이 아니라면 이런 땅을 구매하는 사람이 많지는 않을 것이다.

고압선이 지나가거나 바로 옆에 송전탑이 있는 땅도 팔 때 마이너스 요인이 된다. 전자파가 나와서 건강에 나쁘다는 인식이 박혀 있어 땅값이 잘 오르지 않기 때문이다. 땅 투자를 활발히 하는 땅부자들도 이런 땅은 기피한다.

확장 계획이 있는 도로에 붙어 있는 땅도 다시 한 번 생각해봐야 한다. 지금은 도로가 시원하게 뚫려 있으니 편하고 좋다. 차량 진입도 수월하고 길가에 위치하고 있으니 잘 보여 사업성도 높아 보인다. 하지만 시간이 지나면서 도로가 확장되면 도로에 접했던 내 땅이 도로로 편입될 수 있다. 이러면 손해 보는 장사다. 물론 도로로 편입되는 보상을 받겠지만, 보상이 매입가보다 높다는 보장은 없다.

땅은 보려 하는 만큼 더 보인다. 큰맘 먹고 과감하게 큰돈 투자할 요량이라면 다소 귀찮아도 이런 요소들을 확인하고 피해 다니는 것이 좋다. '투자'는 말 그대로 '이익을 얻기 위한 행위'다. 물론 그 투자가 다 성공하는 것은 아니지만 성공 요소를 높여야 하는 건 투자자의 기본이다.

땅부자들은 어떤 땅을 좋아할까?

1. 신설 역세권 땅

땅부자들은 개발 호재가 있는 땅들을 선호한다. 대표적인 것이 바로 역세권 땅이다. 역세권은 교통이 편리하고 유동 인구가 많다. 그만큼 가치가 높다. 아파트나 상가 등도 역세권에 있어야 프리미엄이 붙고 분양이 신속하게 이루어진다.

단, 역과 가깝다고 무조건 다 좋은 것은 아니다. 차고지나 차량기지, 공원, 주차장 등 역이 들어서면 반드시 필요한 주변 시설들이 있다. 잘못해서 너무 역과 가까운 땅을 사게 되면 이런 시설에 편입될 수 있다. 결국 역 자체가 확장되는 경우인데, 이때는 수용 보상을 받기 때문에 큰 이익을 내기가 어렵다. 역사가 정확히 어떤 목적으로 생기고 얼마만큼의 규모로 만들어지며 어떤 부대시설들이 들어서는지를 알고 투자를 진행하는 것이 좋다.

보통 이런 공사는 기본 계획 이후 실시 계획이 나오면서 진행되는데, 부자들의 경우 역세권 땅에 투자할 때는 기본 계획 단계보다는 실시 계획 단계에서 많이 한다. 기본 계획 단계란 "이런 역을 인근에 만들겠습니다" 하고 여러 안이 구상되는 단계지 아직 개발 노선이 확정된 상황은 아니기 때문이다.

2. 신설 산업단지 인근 땅

땅을 비롯한 부동산은 사람이 있어야 개발되고 가치가 올라간다. 강남 번화가의 땅과 강원도 오지의 땅 가격이 차이가 나는 것은 이 때문이다. 땅부자들은 이런 사실을 잘 알고 있다. 그래서 산업단지 인근 땅에 투자한다. 산업단지가 지어지면 수많은 사람이 유입되어 도시를 이루고 번창하기 때문이다.

지방 허허벌판에 3만 명의 일자리가 창출되는 대형 산업단지가 생겼다고 하자. 그러면 3만 명이 먹고 잘 수 있는 거주 공간이 필요하고, 이들이 생필품도 사고 밥도 사 먹을 수 있는 마트나 식당도 들어서게 된다. 사람이 먹고 살 수만은 없는 노릇. 놀거리도 생기고, 사람들이 모여듦에 따라 필요한 인프라가 확장되어 새로이 큰 도시를 이룬다.

이 모든 과정이 바로 '개발'이다. 주택이 지어지고, 상가가 지어지고, 도로가 확장되고, 고속도로가 생기고, 역이 지어진다. 그러면 땅값이 수직으로 상승한다. 개발될 여지가 있는 땅을 사야 하는 것은 이 때문이다. 땅부자들은 이런 부분에 대해서 다각도로 정보를 모으고 개발 호재가 있는지 재빨리 캐치한다.

3. 신설 고속도로 인터체인지 주변 땅

고속도로 인터체인지 주변 역시 땅부자들이 선호하는 안정적인 투자처이다. 지역과 지역을 빠르게 잇는 고속도로는 인터체인지가 없으면 들어가고 빠져나올 수가 없다. 때문에 인터체인지 주변으로 차량이 몰린다. 차량 통행이 많다는 것은 다른 말로 사람들이 많이 다닌다는 뜻이다. 또한 물류의 이동이 활발하다는 의미다. 고속도로에 왜 화물차들이 많은지 생각해보라. 원재료나 완제품을 목표 지점까지 빠르게 운송해야 하기 때문이다.

따라서 통행이 많은 인터체인지 주변에는 음식점과 주유소가 많다. 공장과 창고도 많다. 곧바로 고속도로 입출입이 가능하기 때문에 물류 이동 시간을 줄일 수 있기 때문이다. 이런 이유로 고속도로 인터체인지와 가까운 땅과 차로 30분 이상 걸리는 땅의 가격 차이가 생각보다 크다.

항만이나 공항과 가까운 곳의 인터체인지라면 그야말로 흥행 보증 수표라 할 수 있다. 물류비 절감은 기업들에게 꽤나 중요한 사안이며, 덕분에 수출입 관련 회사나 수출이 많은 공장은 공항이나 항만 가까운 곳에 위치하려고 하기 때문이다. 다만 이런 지역은 이미 개발이 포화된 상태다. 이미 땅값이 오를 만큼 오른 상태이니 신설 인터체인지 계획을 살펴봐야 한다.

다만 모든 인터체인지 주변이 개발되는 것도 아니고, 모든 인터체인지가 통행량이 많고 사람이 모이는 것은 아니니 이런 부분을 잘 체크해야 할 필요가 있다. 어디에 인터체인지가 생긴다고 덜컥 투자했다가는 실패할 확률이 높다.

4. 신도시 주변의 땅

'신도시'란 정부가 '계획적으로 개발한 새 주택지'를 말한다. 이 말은 곧 그 주변에 개발 호재가 있다는 뜻이다. 당연히 땅부자들이 선호할 수밖에 없다.

일단 주택지가 생성되면 사람들이 몰려든다. 사람이 몰려든다는 것은 통행량이 많아진다는 뜻이며 그와 관련한 산업이나 상업이 발달한다. 사람이 집 안에서만 머무는 것은 아니기 때문이다. 이동하려면 차량이나 교통편이 필요하고, 그에 따라 도로가 신설되고 역이나 버스 터미널이 들어선다. 주거지니만큼 유치원, 학교, 학원 등 아이들을 위한 기관도 들어서고, 백화점, 쇼핑몰 등 가족들을 위한 편의 시설도 들어선다. 이런 모든 시설들이 신도시 주변 인근 땅에 세워진다.

주의해야 할 점은 신도시로 편입될 땅과 신도시 인근 땅은 다르다는 점이다. 신도시로 편입된 땅들은 대개 수용 보상을 받는데, 이 보상 금액이 매매가보다 적을 수 있다. 따라서 개발의 여지가 남아 있는 주변 땅에 투자하는 것이 훨씬 바람직하다.

아울러 신도시 주변이라고 해서 무조건 개발되고 땅 수요가 많은 것은 아니니 주의해야 한다. 주변 지역과 연계해서 개발이 확장된다면 모르지만, 녹지나 호수 등으로 신도시를 둘러싼 공원이 들어설 수도 있기 때문이다. 여전히 개발제한구역이나 농림구역으로 묶여 있는 땅이 있을 수도 있다.

5. 건축이 가능한 땅

부동산 쪽에는 "땅으로 시작해서 건물로 끝난다"는 말이 있다. 땅의 가격을 극대화하는 방법은 바로 땅에 건물을 짓는 것이다. 임야를 개발해서 주택이나 공장, 창고, 상가 등을 지으면 부가가치가 생성되는 것은 물론이고 땅의 가치가 크게 오른다.

주택이나 공장, 상가 등을 짓는다면 임대업을 할 수도 있고, 건물과 땅을 묶어 더 높은 가격에 파는 것도 가능하다. 좋은 위치에 잘 지어진 건물이라면 그동안 들인 땅값과 건축 비용 이상도 받을 수 있다. 그저 땅만 봤을 때와 건물이 들어선 상태까지 봤을 때가 확실히 차이가 있기 때문이다. 후자가 확실히 더 투자점이 잘 보인다.

이런 이유로 건축이 안 되는 땅보다 건축이 가능한 땅의 가치가 높고 가격도 비싸다. 땅부자들의 시선이 당연히 몰리며 선호하는 투자처다. 단, 실제 건축이 가능한지에 대한 부분은 매도자나 중개인의 말만 듣지 말고 토목 또는 건축 사무소에 직접 문의해서 정확하게 건축이 가능한지 확인하는 것이 좋다.

6. 신설 도로 부지나 메인 도로 주변 땅

도로는 국가의 핏줄과도 같다. 도로가 없다면 우리는 자유롭게 이동하기 어렵다. 물류도 제대로 공급이 안 돼 생활에 불편을 겪을 것이다. 따라서 당연하게도 도로가 없는 곳에 도로가 생길 예정이면 그 땅의 가치는 크게 올라간다. 그만큼 이동의 자유도와 생활의 편리성이 증가하기 때문이다. 도로를 타고 새로운 상업 시설이 들어서기도 한다. 땅부자들이 이런 기회를 놓칠 리 없다.

다만 신설 도로 계획이 있다고는 해도 개발 계획이 변경되거나 취소되는 경우도 있고, 갖가지 사정으로 늦어지는 경우도 있다. 따라서 너무 빠른 시기에 투자에 임하는 것보다 어느 정도 확정된 상태에서 접근하는 것이 안전하다. 빨리 들어갈수록 저렴하게 매입할 수 있겠지만, 예상이 벗어나면 계속 맹지로 남을 땅을 사게 되는 셈이니까 말이다.

메인 도로에 붙은 땅도 땅부자들이 선호하는 투자처다. 메인 도로에 붙어 있어 사람과 차량의 통행량이 많아 장기적으로 발전 가능성이 높기 때문이다. 유동성과 통행량이 늘어난다는 것은 그만큼 그 땅이 많은 사람에게 노출되고 이용되고 있다는 의미다. 즉, 상업 시설이나 기타 건물이 가장 먼저 들어올 수 있는 누구나 탐내는 땅이 될 가능성이 높다는 얘기다. 땅부자들이 이러한 점을 놓칠 리 없다.

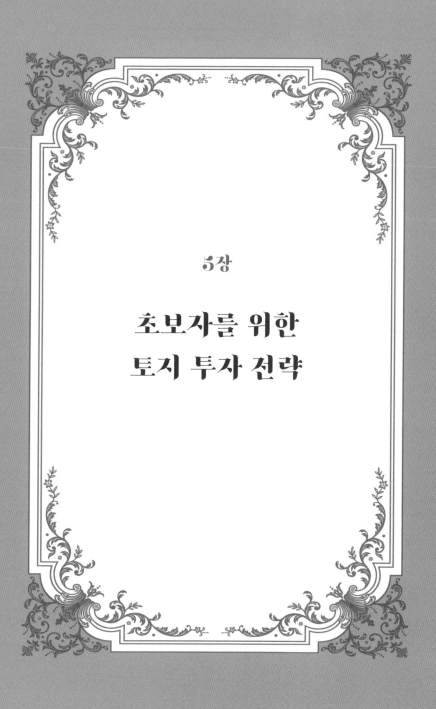

5장

초보자를 위한
토지 투자 전략

부동산에
자주 가라

보통의 경우 부동산 중개 사무소에 많이 갈 일이 없을 것이다. 내가 살 집의 전월세를 구하는 게 아니라면, 혹은 자영업자가 사무실이나 상가를 임대하는 게 아니라면 부동산 중개 사무소를 자주 찾게 되지는 않는다.

그런데 생각보다 많은 사람이 부동산 중개 사무소를 방문한다. 내 경우 한 달 평균 100팀 이상이 상담을 받으러 사무실을 방문한다. 대개 땅 투자를 많이 하는 부자들이다.

부자들은 부동산 문턱이 닳도록 드나든다. 돈 되는 정보를 빨리 그리고 많이 갖고 있다고 여기기 때문이다. 우리도 다른 지역에 여행을 가거나 출장을 가게 되면 그 지역 부동산 중개 사무소에 들른다. 그 지역에서 가장 유명한 사무실이나 번화한 곳에 위치한 곳에 손님인 척 들어가 지역 동향이나 시세, 개발 호재에 대해서 묻기도 하고, 같은 중개사임을 밝히고 협업 차원에서 정보를 요청하기도 한다.

부동산 중개 사무소장들은 최소한 그 지역에 관해서만큼은 전문가 중의 전문가다. 그 지역의 땅, 아파트, 빌라, 상가, 공장 및 창고 등을 죄다 파악하고 있다. 지역 내 투자 분위기와 거래량, 시세와 개발 호재 등도 누구보다 줄줄이 꿰고 있다. 30분만 말을 나눠봐도 그 지역에 대해 많은 것들을 알 수 있다. 그만큼 블로그를 백번 읽고 유튜브를 백번 보는 것보다 바로 그 지역에 가서 직접 알아보는 것이 더 빠를 수 있다.

그러니 땅 투자를 하고 싶다면 부동산 사무소에 자주 가야 한다. 자주 가서 얼굴 도장도 찍고, 필요한 정보도 모으는 일이 필요하다. 그냥 땅 투자하고 싶다는 마음만으로는, 블로그나 유튜브로 배우면 되겠지 하는 정도로는 부족하다.

무엇보다 자주 얼굴 도장을 찍으면 부동산 중개인과 교류가 생기고, 거기서 얻게 되는 정보나 투자의 기회가 달라진다. 보통의 경우 부동산 사무소에 오는 손님들은 특별 대접을 기대한다. 내가 돈도 있고, 비싼 부동산에 투자하러 왔으니 알아서 대우해주겠지 하는 생각이 깔려 있는 것이다. 하지만 막상 부동산 사무소에 방문해 보면 예상과는 다를 것이다.

부동산 사무소는 생각보다 많은 사람이 방문하고 그로 인해 바쁘다. 정말 '큰손'이라고 부를 만한 거물 손님들도 많이 온다. 그런 상황에서 처음 오는 손님이나 어쩌다 오는 손님은 우선순위에서 밀릴 수 있다. 생각해보자. 주기적으로 사무실에 방문해서 어디 땅 나온 것 없느냐, 나 이번에는 꼭 그 땅 사야 한다, 어디어디가 개발된다는데 거기 동향이 어떨 것 같으냐 물어보는 손님이 있다면 그쪽으로 더 마음이 쏠리지 않겠는가. 매일같이 와서 안부를 묻고 재촉당하면 사람 심리상 뭔가 빚진 마음이 든다. 빨리 저 손님에게 좋은 땅을 구해줘야겠다 의무감마저 생긴다.

실제 매주 한 번씩 방문하는 부자 손님들이 여럿 있는데, 이유를 물어보면 물건 나오는 수에 비해 손님이 많으면 본인까지 순서가 안 올 수도 있겠다 싶어 자주 온다는 답변이 되돌아온다. 한마디로 투자를 하고 싶으면 부동산 중개인을 귀찮게 만들라는 의미다. 우는 아이가 떡 하나라도 더 얻어먹는 것이 세상의 진리다.

지도로 현장을
예습하라

땅에 처음 투자하는 입장에서는 땅을 산다는 게 막연하게 느껴진다. 왜냐하면 기대했던 땅과 실제 살 수 있는 땅의 괴리가 크기 때문이다. '땅' 하면 뭔가 쭉 뻗은 도로도 있고, 작물이 자라거나, 경치가 좋은 광활한 대지大地 등을 먼저 떠올리기 때문이다.

하지만 실제로 사게 되는 땅은 보통 아무 개발도 안 된 허허벌판에 있는 전답이나 임야 등이다. 사람도 없고 차도 별로 다니지 않는다. '대체 여기에 뭘 하라는 거지?' 이런 의문이 절로 들 법도 하다. 실제 어디어디 땅에 투자하면 좋다는 소식을 듣고 땅을 보러 오는 초보 투자자들은 막상 땅을 보고는 심란해하고 갈피를 못 잡아 투자를 포기하는 경우도 있다.

이런 경우에는 지도를 많이 보는 게 답이다. 현재 포털 사이트의 위성 지도 등을 통해 PC나 모바일로 전국 어디서든 편하게 해당 지역을 볼 수 있다. 로드뷰로는 직접 눈으로 보는 것만큼 생생하게 현장을 볼 수 있다. 일단 지도를 통해 우리가 사게 되는 땅이 어떤 모습이라고 인식하는 것이다. 그러면 실제 가서 봐도 충격이 덜하다.

또한 지도를 통해 가까운 도로와 도시 등을 파악할 수 있다. 그러면 이후에 이 지역이 개발되었을 때 인구와 차량의 흐름은 어떻게 이어질지, 어떤 식으로 발전이 이루어질지 예상해볼 수도 있다.

지도보다는 현장에 가야 많은 정보를 얻을 수 있다. 그건 사실이다. 다만 아무것도 모르는 상태에서 현장에 가봤자 혼란만 가중된다. 다짜고짜 간다고 해서 여기가 개발될 곳입니다, 땅값이 오를 곳입니다 쓰여 있지 않기 때문이다. 물론 이러저러한 이유로 땅값이 오를 것이다, 하는 설명을 들을 수는 있다. 하지만 그 설명이 진짜인지 아닌지 확인할 길이 없다.

지도를 보고 주변에 어떤 것이 있는지, 이 지역이 어디로 이어지는지 아는 것과 모르는 것 사이에는 큰 차이가 있다. 주변 지형에 대한 최소한의 이해만 있어도 판별이 훨씬 쉽기 때문이다. 지도를 보면서 그 지역 지명과 도로명에 익숙해지면 실제 그 지역에 갔을 때 이 도로를 타고 가면 어디가 나오고, 이쪽에는 공장과 창고가 밀집된 지역이었지, 그렇다면 여기는 상대적으로 개발이 덜 되어 있고, 이쪽 땅보다는 저쪽 땅이 매입하기가 더 낫겠구나 하는 판단으로까지 이어질 수 있다.

지도를 많이 봤다고 해도 막상 현장에 가면 어디가 어딘지 분간이 잘 안 갈 때가 있다. 당황할 것 없다. 바야흐로 모바일 시대다. 지도를 켜 자기가 어디 있는지 위치를 살펴보고 주변 지역과 방향을 확인해보면 된다. 모바일로 보는 게 아직 익숙하지 않다면 해당 지역의 지도를 A4 용지 크기로 인쇄해 들고 가서 다녀본 곳을 표시하고, 집으로 와서 다시 위성 지도를 보면서 확인해보면 된다.

개발 전후 사진을 비교 분석해보는 것도 한 방법이다. 우리가 인테리어 전후를 사진을 보고 인테리어 팁을 얻듯이 이런 자료 등을 통해 어떤 식으로 개발될지 나름의 그림을 그려보는 것이다. 그러면 훨씬 더 땅의 미래 모습이 와닿을 것이다.

투자 규모와 수익률을 잡는
레버리지 활용법

처음 땅 투자를 하는 사람들의 경우 투자할 수 있는 자금이 그리 많지는 않다. 경제활동을 시작한 지 얼마 안 되어 자금이 부족할 수도 있지만, 아무래도 땅 투자라는 것이 큰돈이 드는 일인 만큼 처음부터 무리하게 시작하기는 부담되기 때문이다.

처음 해보는 것이니 공부하는 셈 치고 적은 돈으로 시작하는 경우도 있다. 단, 땅의 경우 투자금이 적으면 원하는 땅을 구할 수 있는 확률이 낮아진다. 이는 큰 덩어리로 거래되는 땅의 특성상 어쩔 수 없는 부분이다.

물론 가격이 저렴하게 나오거나 평수가 작은 땅들도 있다. 이런 땅들은 1억 이하로도 매입 가능하다. 문제는 이런 작고 저렴한 땅들은 시장에 잘 나오지 않는다는 사실이다. 땅을 사고 싶어도 자금이 모자라 살 수 없는 것은 물론이고, 자금에 맞는 땅이 나오기만 기다리다가 몇 달 혹은 몇 년이 지나기도 한다. 그러다 보면 이미 땅값은 또 오를 대로 오르고 투자 기회만 놓치는 상황이 생긴다.

이럴 때는 대출을 활용하는 것도 한 방편이다. 투자 규모를 늘려야 땅을 잡을 수 있는 확률이 높아지는 것도 있지만, 레버리지를 활용하면 수익률이 커지기 때문이다.

예를 들어보자. 각기 다른 투자를 한 A와 B가 있다. A가 자기자본을 1억 투자해 두 배의 수익을 냈다고 치면 2억이 된다. B는 자기자본 1억과 대출 1억을 더해 2억으로 4억의 수익을 냈다. 대출금 1억을 갚더라도 3억이 남는 것이다. 차익이 클수록 양도소득세 등이 더 나오겠지만, 투자금이 클수록 수익률이 높다는 사실에는 변함이 없다.

물론 대출을 할 경우에 매달 내는 이자가 부담스럽기도 하고, 투자가 잘못될 경우 더 큰돈을 날리는 것 아닐까 불안하기도 할 것이다. 그런데 따지고 보면 이는 대출 자체보다는 투자 자체에 대한 부담이 더 큰 것이다. 매년 20% 이상 수익률이 보장되는 투자처가 있다면? 사람들은 옛날 말로 달러 빚이라도 내서 투자를 할 것이다. 이런 확신이 없기 때문에 투자에 주저하게 되는 것이다.

땅 투자는 큰돈이 드는 만큼 확신이 있는 상태에서 해야 한다. 절대 급하게 생각해서는 안 된다. 긴 호흡으로 투자를 가져가야 한다.

급하게 들어오면 급하게 나가게 되어 있고, 급하게 결정하면 후회하게 되어 있다. 조금 더디더라도 분명한 확신을 가지고 투자하는 것이 좋다.

단, 확신이 선다면 과감할 줄도 알아야 한다. 그래야 레버리지도 활용할 수 있고, 긴 시간을 버틸 수 있다.

과거 사례에서
배워라

    아무도 가보지 않은 길을 가는 일은 막막하다. 어렵고 위험하기도 하다. 그것이 투자라면 더욱 그렇다. 아무런 경험도 정보도 없는 상태에서 달려드는 것은 파도가 거센 바다에 맨몸으로 뛰어드는 것과 같다. 선택이 잘못되었을 경우 두고두고 후회하게 되며, 이 경험으로 인해 이후로는 투자가 두려워진다.

    반대로 많은 사람이 이미 가본 길을 따라가는 것은 그리 어렵지 않다. 사람들의 발길을 따라 길이 나 있으며 친절한 사람이 세워준 이정표도 있을 수 있다. 투자의 경우도 이런 이정표를 발견할 수 있다. 과거 사례를 살펴보는 것이다. "과거는 현재를 들여다보는 거울"이란 말이 있다. 땅 투자도 마찬가지다.

    낙후되었거나 아무것도 없던 허허벌판이 좋게 개발된 사례가 여럿 있다. 화성 동탄 신도시나 평택 고덕 신도시, 파주 운정 신도시, 이천과 마곡 지역 등, 모두 산업단지가 들어서면서 교통이 정비되고 인구 유입량이 늘면서 개발된 사례들이다. 화성과 평택에는 삼성, 파주에는 출판사와 LG, 이천에는 SK하이닉스, 마곡에는 R&D 산업단지가 들어서면서 부동산 개발과 가치에 큰 변화가 일어났다. 이들 사례를 살펴보면 부동산이 개발되고 가치가 상승하는 데에는 산업과 교통, 인구 유입이 매우 중요한 요소임을 알 수 있다.

그렇다면 이 세 가지 요소가 갖춰질 수 있는 땅을 사두면 된다는 결론을 도출할 수 있다. 어떤 지역에 철도 노선이 새로 만들어진다, 새로운 산업단지가 들어선다고 하면 귀를 쫑긋 세워야 하는 이유다. 어느 날 갑자기, 아무런 계획 없이 개발되는 곳은 없다. 과거 사례를 차근차근 살펴보면 일자리나 주거, 그에 따른 교통편에 대한 계획이 수립된 후에 개발이 진행되는 것을 알 수 있다. 이런 정보들은 언론 매체나 정보 공개를 통해 알 수 있다.

과거 사례를 공부하며 개발 호재에 관한 소식을 선점하고 살펴보는 것이 중요하다. 그러면 어느 곳이 다음 개발 타자인지, 어디에 투자하면 좋을지 보는 눈이 생길 것이다.

결심이 섰다면
주저하지 마라

매일 토지 상담을 하고 토지 거래를 하는 것을 도와주다 보면 여러 사람을 보게 된다. 저기 오고 있는 큰 기회를 매의 눈으로 확 잡아채는 사람이 있는가 하면, 이런저런 이유로 계산기만 두드리다가 코앞까지 온 기회를 놓친 사람도 있다.

기회를 잘 잡는 사람들은 경험이 많고 판단과 실행력이 빠르다. 반대로 기회를 놓치는 사람들은 경험이 없고 자신감이 부족하다. 하지만 부자들은 계산도, 결단도, 실행도 빠르다. 이거다 싶으면 망설이지 않는다. 과감하게 투자를 진행하고 그에 따른 결과를 모두 떠안는다.

물론 누구에게나 처음은 있는 법이고, 마땅히 시행착오를 겪기도 한다. 처음부터 내가 살 땅의 가치를 알아보고 수익률 계산이 제대로 된다면 무엇이 문제겠는가. 그것이 가능하다면 우리는 모두 부자가 되고, '투자의 신' 반열에 오를 것이다. 세상에 그런 행운과 재능을 가진 사람은 극히 드물다. 특히 땅 같은 큰돈이 드는 투자에 두려운 마음이 들어 머뭇거리는 일도 어쩌면 당연하다.

하지만 망설이는 것과 회피하는 것은 명확하게 다른 문제다. 고민하는 것과 고민'만' 하는 것은 다른 범주의 일이다. 땅 투자가 처음인 경우 결정을 미루는 사람들이 많다. 당연하다. 첫 투자에 이 땅이다, 이 땅을 꼭 사야 한다는 확신을 가지기란 드문 일이니까. 초보 땅 투자자들이 결정을 미루는 이유가 게으르거나 투자에 열의가 없어서는 아닐 것이다. 아무래도 결정에 대한 부담감 때문에 회피하는 것이 미루는 모습으로 나타나는 것뿐이다.

그런데 계속 망설이다가는 어떠한 처음도 오지 않는다. 투자하기로 결심했다면 주저하고 망설이기보다는 판단을 내리기 위한 근거를 찾고 마련해야 한다. 이 근거는 정보 수집과 공부를 통해 만들어진다. 중개인도 필요한 정보를 고객들에게 제공하기는 하지만, 무턱대고 물건을 권하지는 않는다. 고객 스스로 매물 보는 눈을 기를 수 있도록 필요한 정보를 제공하고, 그 외에 추가적인 정보를 얻을 수 있는 방법을 알려주기도 한다. 투자에 대한 확신을 갖는 과정이 필요하기 때문이다.

투자하기 위해 여기저기 알아보고 발 아프도록 현장도 다니는데 실속은 없는 사람들이 생각보다 많다. 이는 전투에 나섰는데 무기도 없이 전장에 선 꼴과 같다. 이러면 도망갈 구석부터 찾을 수밖에 없다. 최소한 전투에 나섰다면 필요한 무기쯤은 하나 들고 서서 한 번이라도 휘둘러봐야 한다. 그래야 어떤 식으로든 결론이 난다.

회피하기만 해서는 아무 일도 일어나지 않는다. 사도 되는 걸까, 문제는 없는 걸까, 잘못되지는 않겠지 고민만 해봤자 달라지는 건 아무것도 없다. 사도 되는지, 문제가 없는지, 잘못될 경우의 수는 어떻게 되는지 판단의 근거를 모으고 어떤 결심이 섰다면 행동으로 옮겨야 한다. 최소한 이번 땅은 포기한다는 결론이라도 나오면 속이라도 후련할 것 아닌가.

처음부터 잘되기란 쉽지 않다. 물론 땅이라는 상품의 속성상 손해 보면 큰일이 난다. 그렇다면 현실적인 수익률만 거둬도 된다. 처음부터 1억 투자해 1억을 바라서는 안 된다. 1억 투자해 1,000만 원만 벌어도 남는 장사다. 너무 큰 욕심을 부리지 않는다면 조금 더 마음이 편해질 것이다.

돈이 될 곳에
투자하라

당연한 얘기지만 돈이 될 땅을 사야 한다. 본인만의 기준에서가 아니라, 누구나 보편적으로 그렇게 생각하는 땅에 투자해야 한다. (내 느낌에는, 내 판단에는) '이 땅이 돈이 될 것 같은데', '개발이 빠르게 이뤄질 것 같은데', '누구나 원하는 땅이 될 것 같은데…' 해서 투자했지만 실제로는 아무 일도 일어나지 않고 가격 상승조차 되지 않는 경우가 있다. 어느 땅이든 다 돈이 된다면 땅 전문가라 불릴 이도, 땅 투자의 고수라든가 땅 투자 성공 사례 등도 존재하지 않을 것이다.

돈이 될 곳에 투자해야 한다. 이 말은 사는 지금 시점보다 파는 미래 시점에 더 비싼 가격에 팔 수 있는 땅에 투자하라는 의미다. 땅에 관한 상담을 하다 보면 본인 소유의 땅을 가진 사람이 간혹 있는

데, 조부모나 부모에게 물려받거나 지인에게 소개받아 샀다고 한다. 그 땅을 살펴보면 돈이 안 되는 땅들이 태반이다. 산꼭대기에 있거나 밀물 때 바다에 잠기기도 하고, 도로나 편의 시설 등 주변에 있는 게 없어 유동 인구도 거의 없다. 이런 땅은 현재에도 앞으로도 개발 계획이 거의 없다고 봐야 한다.

최근 '지속 가능성'이란 말이 중요한 화두가 되고 있다. 기업이 폭발적으로 일시적 성장을 한 후 다시 무너지는 게 아니라, 꾸준히 지속적으로 성장하는 것이 중요하다는 얘기다. 땅 역시 마찬가지다. 내가 매입하는 순간부터 매도하는 시점까지 꾸준히 해당 지역의 부동산과 땅의 가치가 올라가야 한다. 내가 매입한 시점에만 개발 호재와 투자 붐이 불어서 가격이 일시적으로 상승했다가 개발이 무산된다면 이후 과정은 불 보듯 빤한 일이다.

따라서 지금 개발 호재가 보이더라도 장기적으로 봐야 한다. 무산되지 않을 개발인지, 지속적으로 해당 지역에 좋은 영향을 줄 요소가 있는 부분이 있는지 반드시 확인해본 후에 판단해야 한다.

팔 수 있는
땅을 사라

우리는 흔히 땅 있는 사람을 부러워한다. 하지만 땅을 가진 사람일지라도 그 속사정은 제각각이다. 좋은 땅을 갖고 있는 사람은 부를 대물림할 수 있다. 대대손손 물려받으며 가치를 계속 상승시킬 수 있다. 반대로 땅 때문에 골치 아픈 경우도 있다. 가치가 없어 팔리지도 않는 땅, 그렇지만 소유하고 있다는 이유만으로 매년 적지 않은 세금을 내야 하는 사람들이 바로 여기에 속한다.

물려받은 땅으로 매년 수백만 원의 세금을 내고 있다고 하소연을 하는 손님이 있었다. 세금이 수백만 원이나 된다니, 이 정도면 가치가 꽤 있는 땅 아닌가, 하면서 주소를 받아서 검색해봤다. 확인해보니 면적만 엄청 넓을 뿐 팔기가 어려운 험한 산 속에 있는 임야였다. 진입로도 없는 오지 중에 오지였다. 이런 땅은 차라리 있느니만 못하다.

땅을 살 때는 원할 때 팔 수 있는 땅을 사야 한다. 내가 매도를 원할 때 그 땅을 사줄 매수인이 있어야 한다. 그래야 돈이 필요할 때 팔아서 쓸 수 있고, 세워둔 자금 계획이 차질 없이 진행된다.

팔기 어려운 대표적인 땅들에는 이런 것들이 있다.

- 인적이 드문 땅
- 규제가 있는 땅
- 진입로가 없는 땅
- 시세보다 너무 비싸게 산 땅
- 아무런 개발 호재가 없는 땅

이런 땅은 현금화하기도 어렵고 찾는 사람도 많지 않다. 물론 해당 지역에 큰 개발 호재가 있다면 인적이 드물고 규제가 있어도, 진입로가 없어도 거래가 되고 시세가 오른다. 철로가 새로 생기고 산업단지가 새로 들어서는 곳은 개발제한구역이든 농림구역이든 군사보호구역이든 거래량이 늘고 가격이 오른다. 하지만 이마저도 없다면 이런 땅은 그냥 애물단지가 되어버린다. 팔고 싶어도 팔 수 없고 현금화할 수 없는 땅이라면 이미 재산으로서의 의미를 상실한 것이다.

따라서 땅을 살 때는 신중해야 한다. 첫 투자라면 보편적으로 무난한 땅을 사는 것이 좋다. 규제가 있거나 도로가 없어서 저렴하지만 미래 가치가 있다는 식의 접근은 고수의 영역이다. 초보 투자자들은 작은 도로라도 붙어 있어서 건축이 가능한 무난한 땅을 고르는 것이 좋다.

초보자를 위한 땅 구입 노하우

1. 투자할 지역을 정한다

먼저 어느 지역에 투자할지 결정해야 한다. 우리에게는 많은 자금이 있지 않으므로 기회는 한 번뿐이라는 생각으로 신중히 물색해야 한다. 내가 거주하는 곳과 가까운 곳으로만 투자 지역을 한정지을 필요는 없다. 심리적으로 사는 곳과 가까우면 덜 낯설게 느껴지고 자주 가볼 수 있을 것 같아서 투자 부담이 덜한 건 사실이다. 하지만 우리는 수익률을 우선으로 하는 만큼 지역에 구애받지 말고 가장 좋은 투자처를 찾는 것이 좋다.

2. 투자 금액을 정한다

투자할 지역을 선택했으면 이제 투자 금액을 결정해야 한다. 이때 자금은 막연하게 얼마를 융통할 수 있다고 뭉뚱그리지 말고 당장 오늘내일이라도 준비할 수 있을 만큼 구체적이어야 한다. 여기에는 매매 대금 말고도 그에 수반되는 비용까지 포함해야 한다. 보통 수중에 있는 만큼, 예를 들어 5억 있으니 5억 투자해야지 생각하는데 그러면 오산이다. 임야의 경우 세금이 4.6%에 달하기 때문이다. 따라서 2,300만 원이 더 필요한데, 소유권 이전과 부동산 중개 수수료 등을 포함하면 약 3,000만 원이 더 소요된다. 이 3,000만 원에 대한 부분까지 준비되어야 한다.

3. 투자할 땅을 찾는다

지역과 자금이 정해졌다면 이제 어떤 땅에 투자할지 결정하는 일만 남았다. 면적이 큰 땅을 원하는지, 면적이 작더라도 상품성이 높은 땅을 원하는지, 건물을 지을 땅을 원하는지, 농사지을 땅을 원하는지 기준을 세우고 그에 맞는 땅을 물색하는 것이 좋다. 딱히 생각하는 기준이 없다면 원하는 수익률을 정하고 찾는 것도 방법이다.

4. 예상 수익률과 투자 기간을 정한다

초보 투자자가 예상 수익률과 투자 기간을 정하는 건 쉬운 일이 아니지만, 그럼에도 해야 한다. 모든 투자에는 정확한 이유와 목적이 있다. 이게 없다면 시작부터 잘못된 것이다. 하다못해 대출을 받더라도 언제까지 이자를 다 갚겠다, 언제까지 원금을 다 갚겠다는 계획을 세워야 그대로 실행되듯이 말이다.
처음부터 큰 목표를 잡을 필요는 없다. 이제는 한 번의 투자로 대박을 거두기란 어렵고, 그런 기대감은 오히려 투자를 어렵게 만든다. 게다가 지금은 꽤나 많은 정보가 공개되어 있다. 투자의 기회가 누구에게나 열려 있기 때문에 이왕이면 보수적으로 접근해 단계별로 수익 실현을 하는 것이 좋다.

본인의 성향에 따라서 투자 기간과 수익률을 산정하면 된다. 보통 개발 호재가 꾸준한 지역에 투자할 경우 5년간 두 배 수익률을 목표로 잡는데, 이를 기준으로 적당히 가감하면 된다. 예전에는 땅은 한 번 사면 10~20년 묵혀두는 거라고 생각들을 하고 투자했는데, 지금은 땅에 대한 관심도도 높고 토지 거래량도 많아 2~3년 만에 시장에 내놓는 경우도 많아졌다.

5. 계약을 진행한다

자, 살 땅이 정해졌으면 이제 계약을 하면 된다. 전셋집이라도 얻어본 경험이 있다면 계약서 쓰는 일이 크게 어렵지는 않을 것이다. 다만 계약서는 한 번 쓰고 나면 무를 수 없으니 필요한 사항을 꼼꼼히 살펴보는 일이 무엇보다 중요하다. 부동산의 현황, 가격과 날짜, 특약 등 세 가지는 기본적으로 꼭 확인해야 한다.

부동산의 현황이란 해당 땅의 주소와 지목, 정확한 면적을 뜻하는데, 공부상 자료와 일치해야 한다. 그런 만큼 계약 전에 해당 자료를 살펴보는 것 또한 잊지 말아야 한다. 특약 역시 추후에 분쟁이 생기지 않도록 필요한 내용을 꼼꼼히 적어 넣도록 한다.

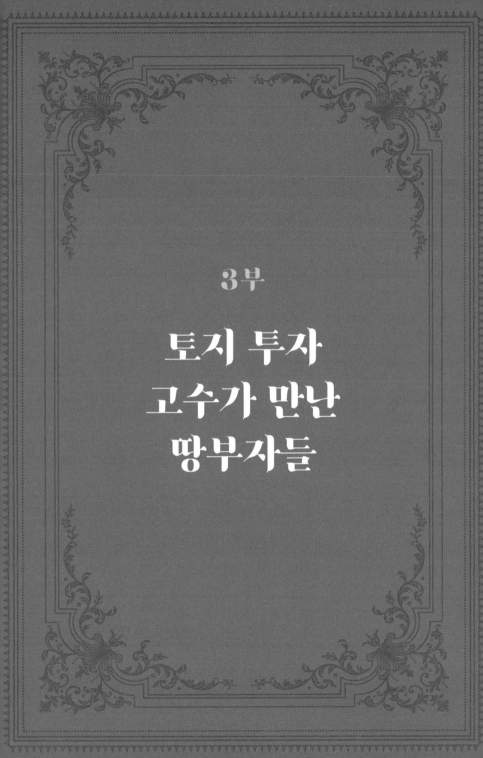

3부

토지 투자 고수가 만난 땅부자들

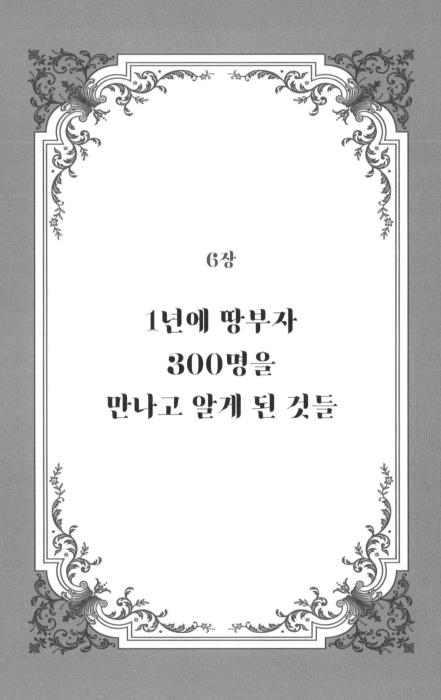

6장

1년에 땅부자
300명을
만나고 알게 된 것들

땅부자들은
사업가가 많다

많은 사람이 땅을 사러 오는 사람들의 직업을 궁금해한다. 땅에 현금을 묻어둘 정도의 베팅력이 있는 사람들은 어떤 일을 할까? 결론부터 말하자면, 대부분 사업을 하고 있거나 사업을 한 경험이 있다. 주로 요식업이 많은데, 그중에서도 단가가 나가는 품목들, 갈빗집이나 횟집, 족발집을 경영하는 경우가 많다. 단, 매니저가 있어 직접 매장 관리를 하지 않아도 되는 수준은 되어야 한다. 꾸준히 수익이 나고 돈이 쌓이는 구조를 만들어놓았기에 가능한 일이다. 요식업 경영자들은 땅을 단순 투자처로서뿐만 아니라 나중에 식당 영업이 가능한지를 늘 염두에 두고 본다.

그다음으로는 제조업 경영자들이 많다. 화장품, 여성 의류, 의료기기, 구두, 스프링, 고무 몰딩 등 생산하는 품목도 다양하다. 제조업 경영자답게 저비용으로 고효율을 노리며 수익률에 민감하다. 땅도 일단 싸게 사야 수익이 극대화된다는 것을 잘 안다. 그래서 싸게 사서 비싸게 파는 것에 아주 익숙하다.

그다음으로는 의사들이다. 주로 종합병원 규모에 준하는 병원의 원장들이다. 수도권 외곽이나 지방에 노인 인구가 많은 지역의 준종합병원을 가보면 입원실은 늘 만실이고 진료 대기 시간도 기본 1시간이다. 그런 만큼 바쁘다. 병원 일이 끝나는 밤늦게도 연락이 안 되는 경우가 부지기수다. 따라서 땅을 보러 올 시간이 없어 부동산을 믿고 매매하는 경우가 많다. 그런 만큼 신뢰도가 중요하다.

인터넷 쇼핑몰을 운영하는 젊은 사업가들도 땅 투자를 많이 한다. 연매출 100억 이상을 거두는 사업가로, 보통 의류 쇼핑몰 운영자가 많다. 이들은 분석의 전문가다. 인터넷으로 물건을 판매하는 일은 보통 일이 아니다. 거래처를 트고 매입 단가를 협상해야 하는 것은 물론, 제품 판매를 위한 대대적인 마케팅 또한 필요하다. 여기에 포장, 택배, 반품 처리 등 부대비용도 만만치 않다. 대신 데이터가 실시간으로 쌓이기 때문에 연령대나 시간별 구매량에 대한 분석이 가능하다. 수입 대행을 하는 경우는 세금 신고에도 전문가가 된다. 즉, 생산 및 수입부터 소비자 판매까지 제품이 전달되는 모든 과정을 꿰뚫고 있는 셈이다.

따라서 이들은 땅 투자를 할 때에도 이러한 특성이 그대로 드러난다. 매매가만 알려주면 취득세, 보유세, 양도세, 지출해야 할 이자, 순소득 등을 척척 계산하며, 땅 자체에 대한 분석도 알려준 정보를 바탕으로 스스로 한다. 쉽게 말해 굉장히 똑똑하고 부지런하다. 부동산에서는 시세 대비 가격이 어떠한지만 알려줘도 된다. 젊은 사업가들답게 최신 장비에 능해서 처음 보는 길도 잘 찾아다닌다. 별도의 안내가 필요 없어 혼자서도 잘 다닌다.

마지막으로 땅의 매력을 잘 알고 있는 직업군에 종사하는 사람들이다. 대표적으로 토지 개발을 통해 수익을 내는 토목, 건축 사무소 운영자들, 토지 담보 대출을 활용해 수익을 내는 것을 가까이에서 지켜보는 은행 대출 담당자들, 그리고 농업인들이다.

직장인들의 경우 대기업이나 금융업에 종사하는 고연봉자들이 많다. 이들의 경우 내 집 마련은 부모님의 도움을 받고, 스스로 번 돈으로는 주식이나 아파트, 토지에 투자하는 경우가 많다. 주식과 아파트는 일견 고개가 끄덕여질 것이다. 그런데 땅 투자라니. 이 정도면 공부를 많이 하고 전투적으로 땅 투자에 임한다고 보면 된다. 앞으로의 큰 그림을 그리는 것이다.

애매한 가격의 차를
타지 않는다

땅을 사러 오는 사람들은 주로 차를 끌고 온다. 따라서 손님이 왔을 때 차를 먼저 보고 맞이하게 되는 경우가 많다. 그러다 보니 어떤 공통점을 발견하게 된다.

먼저 애매한 중간 가격의 차들은 별로 보이지 않는다는 점이다. 대개 1억 이상의 고가 차량들이고, 5,000~6,000만 원대의 국산 또는 일본산 중형차들이 주로 보인다. 7,000~8,000만 원대의 애매한 중간 가격의 차를 타고 오는 부자는 별로 없다.

가장 많이 보이는 것은 단연 벤츠 S클래스이다. 주로 병원이나 건축 사무소를 운영하는 투자자들이 선호한다. 그 외 SUV 차량으로는 포르쉐 카이엔이 많이 보이고, 랜드로버나 X5 이상의 BMW 중형 SUV도 많이 보인다. 30~40대의 비교적 젊은 투자자들이

SUV를 선호한다.

부자들은 돈을 쓰는 데 있어 어설픈 것을 싫어한다. 관심 없는 분야에 대해서는 실속을 중요시 여기지만, 내 가치를 높이는 데 필요하다고 여겨지면 아낌없이 지출한다. 따라서 타고 오는 차를 보면 부자들의 특성을 알 수 있다.

첫 번째, 내 노력과 성공을 충분히 보상받고 싶어 하는 고급 차 그룹이다. 이들은 자신의 성공 스토리를 이야기하는 것을 좋아하고 대접받는 것도 좋아한다. 그렇기에 성공의 대명사격으로 일컬어지는 벤츠 S클래스 등을 타는 것이다.

이런 고급 차를 몰고 온 투자자는 눈치작전을 펼치지 않는다. 좋다 나쁘다도 확실히 표현한다. 비싸다, 싸다, 크다, 작다 등 땅을 봤을 때 본인의 의견을 바로바로 이야기하고 매매 결정도 빠르다.

상대적으로 차에 대한 관심은 덜하지만 너무 싼 차는 위험하니 적당히 실내가 넓고 안전하면 된다는 실속파 부자들은 제네시스, 렉서스 등 중형 세단을 선호한다. 이런 실속파적 성향이 땅 투자에서도 나타난다. 일단 분석도 꼼꼼히 하거니와 가격 조정이 조금이라도 되어야 매매 의사를 밝힌다. 그렇다 보니 때에 따라서는 진짜 좋은 땅을 200만 원 못 깎아서 놓치는 경우도 있다. 아주 꼼꼼하지만 가격에도 민감하기 때문에 상대하기가 까다롭다.

이들은 땅을 보러 다닐 때 투자 기간을 길게 잡고 여러 부동산을 돌아다니기도 한다. 그러다 보니 매물을 소개받을 때 의심부터 하는 습관이 생기기도 하고, 덕분에 옥석을 가리는 능력이 흐려지기도 한다. 딱 하루만 더 고민해보려다가 다른 투자자가 채가는 경우도 있다. 토지 투자는 꼼꼼함도 중요하지만 확신이 선다면 빠른 결정도 필요한데, 지나친 꼼꼼함이 약점이 되는 경우다.

남의 이야기를
잘 듣는다

해마다 눈길을 모으는 뉴스 중 하나가 워런 버핏과의 식사 자리에 대한 경매 낙찰가일 것이다. 워낙 큰 부자이니만큼 누구나 한 번쯤 그를 직접 만나 이야기를 들어보는 기회를 꿈꿀 것이다. 어디 워런 버핏만 그럴까. 멀리 가지 않고도 동네에서 누가 뭘로 돈 벌었다 하는 소문을 들으면 가서 이야기를 나눠보고 싶은 게 사람 마음 아니겠는가.

성공한 사람들 중에는 자기의 성공 스토리를 늘어놓는 것을 좋아하고, 자신의 경험을 바탕으로 조언해주는 것을 즐기는 사람이 분명 있다. 그런 이야기를 통해 우리는 부와 투자에 대한 새로운 통찰과 팁을 얻기도 한다. 그렇기에 부자와의 한 끼 식사가 비싼 가격에 거래되고, 일확천금을 번 사람들의 이야기가 책으로, 기사로 쏟아지는 것일 테다.

그런데 알고 보면 부자들은 자신의 이야기를 하는 만큼이나 남의 이야기를 듣는 것도 좋아하고 중요하게 여긴다. 업무상 만나서 대화를 나눠보니 상당수의 부자들이 남의 말을 귀담아듣는 데 집중한다는 것을 알 수 있었다. 단순히 상대방의 말을 듣기만 하는 것이 아니다. 상대방이 전달하려는 내용을 정확히 파악하고 해석해 자기 것으로 만들려고 노력한다.

부자들은 경청하고 배우려는 자세가 되어 있다. 어떤 사람을 만나든지 배울 것이 있다고 믿고, 필요하면 질문하는 것이 습관이다. 부자가 되는 데 필요한 것이 나를 알고, 세상을 아는 것이다. 세상을 알려면 세상의 사람을 알아야 하고, 그러려면 사람의 말을 잘 들어야 한다. 상대의 말을 잘 듣는 것만큼 좋은 방법은 없다. 여기서 상대의 말을 잘 듣는다는 것은 단순히 말뿐만 아니라 상대의 표정, 말투, 말에 담긴 의미를 모두 이해하려고 노력하는 것을 뜻한다.

신기하게도 부자들의 경청하는 자세는 상대로 하여금 일적인 것 말고도 사적인 이야기도 허심탄회하게 털어놓게 만든다. 즉, 듣는 사람이 자신을 더 드러내게 하는 셈이다. 그렇게 부자들은 말을 많이 하지 않으면서도 대화의 주도권을 가져가는 능력이 있다. 이러한 능력이 그들의 부를 더 크게 굴리는 방편 중 하나다. 세상을 알고 사람을 안다는 건 그만큼 필요한 정보를 캐치해내는 능력이 뛰어나다는 의미이기 때문이다.

삼성전자의 창업주인 이병철 회장은 그의 아들 이건희 회장에게 '경청'이란 휘호를 남겼다. 자신이 하고 싶은 말을 참고 상대의 말을 잘 듣는 훈련을 하라는 뜻이었다고 한다. 삼성전자가 굴지의 글로벌 기업으로 성장한 것도 어쩌면 이러한 창업주의 철학 때문이 아닐까. 나를 알리는 말은 짧고 명확하게, 상대가 가진 정보는 정확하게 많이 알아내는 것이 부자들의 특징이다.

작은 것에도
감사를 표할 줄 안다

땅을 사러 오는 부자들은 감사하다는 표현을 자주 한다. 뭐가 그렇게 감사한 일이 많은지 아주 입에 달고 산다. 문을 열어주어도 감사합니다, 커피를 내와도 감사합니다, 화장실 안내를 해주어도 감사합니다, 의자를 꺼내주어도 감사합니다. 설명이 끝나면 감사히 잘 들었습니다, 매물을 보고 나면 감사히 잘 봤습니다, 거래가 성사되면 애써주셔서 감사합니다…. 듣는 사람으로서는 참으로 기분이 좋을 수밖에 없다. 그러면 하나라도 더해주고픈 마음이 든다.

부자들이 감사한 일만 경험했기에 그러는 것일까? 아니다. 물론 정말 감사한 마음이 들어서 말로 표현하는 것일 수도 있다. 그런데 가만히 살펴보면 인생을 살면서 몸에 밴 일종의 습관이자 매너이기도 하다는 것을 알 수 있다.

멀리 갈 것도 없다. 일상을 살면서 우리는 불만과 불평을 표하게 되는 상황을 얼마나 많이 맞닥뜨리게 되는가? 아주 사소한 일에도 기분이 상하고 속으로 누군가를 탓하게 마련이다. 누군가 그러지 않았던가, "삶은 고통의 연속"이라고⋯. 부자들도 마찬가지다. 그들 역시 사람이다. 삶이 평탄했던 것만은 아니다. 맨땅에서 부자가 되는 과정이 어디 쉬웠겠는가.

부자들과 땅을 매개로 이야기를 하다 보면 자연스럽게 그들이 살아온 인생 여정에 대해서도 들을 기회가 있다. 듣고 보면 평탄하게 부자가 된 사람은 거의 없었다. 부모가 남긴 수억의 빚을 떠안고 노점상부터 시작해 건설업을 하게 된 대표, 사업장에 불이 나 길거리에 나앉기 일보 직전에 모든 책임을 지고 다시 시작해 십수 년 만에 두 배로 사업을 일군 사업주, 암 선고를 받고 수술을 며칠 앞둔 상태에서도 일을 놓지 않고 영업왕이 된 세일즈맨, 한쪽 팔다리에 마비가 왔는데도 억척같이 중개를 해 부를 이룬 동종 업계 사장 등 그야말로 일생의 사투를 벌인 사람들이 많았다.

사람이 이렇게 고생을 하다 보면 작은 것에도 절로 감사하는 마음이 생긴다. 아무 일도 일어나지 않는 평온한 삶이 더없이 소중하게 느껴진다. 하루하루 아무 일 없이 지나가면 자기 전에 얼마나 안심이 되고 내일이 기다려지는가. 아울러 내가 고통스럽다고 세상 사람을 모두 적으로 돌리면 나만 피곤할 뿐 아무 일도 이뤄지지 않는다.

부자들은 이러한 사실을 잘 알고 있다. 감사한 마음으로 살아야 좋은 사람도 만나고 좋은 일도 많이 일어난다는 것을 몸소 체험했기 때문이다. 실제로 한 연구 결과에 따르면, 감사는 긍정적 정서를 함양함으로써 주변 사람들과의 관계를 더 돈독히 만들고, 감사하는 사람은 목표를 위해 더 지속적으로 노력하는 경향이 있다고 한다.

TV 드라마를 보면 부자들은 흔히 권위적이고 안하무인이고 돈 자랑만 하는 경우가 많은데, 실상은 그렇지 않다. 오히려 고생했던 자신의 지난날을 기억하고 작은 일에도 감사하는 사람이 더 많다. 성공이란 나 홀로 거둘 수 있는 것이 아님을 잘 알기 때문이다.

그래서일까, 부자들은 인사도 잘한다. 중개업을 하는 사람으로서 손님이 사무실 방문을 하는 순간이 가장 긴장되는데, 밝은 표정으로 인사를 크게 하며 들어오는 손님을 보면 긴장이 확 풀어진다. 일반적으로 원룸이나 아파트 상가 등을 취급하는 곳의 손님들은 사무실에 들어올 때 표정이 좋지 않을 때가 많다. 부동산 투자 경험이 없어서이기도 하고, 임차인의 경우 건물주에 대한 걱정도 있기 때문이다.

하지만 땅을 보러오는 손님들은 다르다. 이들은 이미 다른 부동산에 대한 투자의 경험도 있고, 주식이나 금 등 다른 투자 상품에 대한 노하우가 있다. 이들에게 땅은 또 하나의 투자 대상이고 자산을 불리는 수단이다. 따라서 중개업자가 하는 일이 무엇인지 정확히 파악하고, 자신이 밝은 모습을 보여서 긴장감을 해소하는 것이

서로에게 도움이 된다는 것을 누구보다 잘 알고 있다. 즉, 부자를 매일 본다는 것은 웃는 얼굴의 사람을 매일 만난다는 뜻이다.

인사를 잘만 해도 반은 먹고 들어간다는 말이 있다. 부자들도 예외는 아니다. 인사성이 밝아서 부자가 된 것이고, 부자라서 인사성이 밝은 것이기도 하다.

칭찬에
인색하지 않다

　사람에게 호감을 사는 방법은 여러 가지가 있지만 그중 가장 직접적인 것은 칭찬일 것이다. 칭찬만큼 듣는 사람으로 하여금 기분 좋고 기운 나게 하는 것은 없기 때문이다. 그러한 사실을 잘 아는 걸까? 부자들은 참 칭찬도 잘한다.

　차에서 내려서 사무실로 들어오는 동안에도 끊임없이 칭찬을 늘어놓는다. 사무실 위치가 좋다, 사무실 분위기도 좋다, 중개사님 인상 좋으시다, 목소리도 좋으시다, 설명을 잘하신다 등 상담하는 동안에도 추임새를 넣어가며 칭찬을 아끼지 않는다. 사람들은 부자라고 하면 괴팍하고 기가 세고 고집불통에 매너가 없으며 거만할 것이라고 생각하지만, 실제로 그런 사람은 얼마 되지 않는다.

　상당수의 부자들은 친절하고 상냥하며 젠틀하다. 밝고 웃음이 많으며 칭찬을 잘한다. 여러 사람을 대하면서 사업을 하거나 장사를 하는 사람들이 많다 보니 비즈니스적인 행동과 말투가 몸에 배어 있다. 이러한 태도가 상대의 호감을 사고, 본인이 원하는 방향으로 일을 이끌어갈 수 있는 힘이 되는 것이다.

계약을 진행할 때에도 "중개사님이 전문가신데 어련히 꼼꼼히 잘 해주실까, 믿겠습니다"라거나 "소장님 같은 분을 통해 계약하게 되어 정말 다행이라고 생각합니다"라는 말을 잊지 않고 해준다. 사실 이런 칭찬을 듣는다고 해서 마냥 좋은 것만은 아니다. 그 어떤 꼬장꼬장하고 세밀한 요구보다 부담이 더 느껴지기 때문이다. 세상에 "알아서 잘 하리라 믿는다"는 말만큼 사람을 부담스럽게 하는 것은 없다. 하지만 그렇기에 그에 부응하고자 더 노력한다. 이것이 칭찬의 힘이다.

땅 투자를 많이 안 해보신 분들은 경직되어 있는 경우가 많다. 땅 투자가 처음이면 더욱 그렇다. 사무실에 방문해 대화는 많이 하려고 하지만 굉장히 방어적이고 감추려는 듯한 언행을 한다. 낯선 곳에 와서 낯선 사람과 돈에 얽힌 이야기를 하려니 쉽지 않은 것은 잘 안다. 하지만 땅 투자도 사람이 하는 비즈니스다. 조금 더 유연한 태도를 갖고 마음을 연다면 좋은 결과로 이어질 수 있을 텐데, 이러한 점이 아쉬울 때가 있다.

칭찬은 공짜이지만 돌아오는 것은 생각보다 크다. 부자들은 이러한 칭찬의 힘을 잘 알고 있다. 물론, 칭찬이란 것이 그냥 입에 발린 말일 수도 있지 않느냐는 의문이 들 수도 있다. 하지만 사람을 많이 만나는 일을 하다 보면 그 정도는 구분해서 판단이 가능하다. 그런 손님과는 오래도록 거래를 하게 되고, 손님 또한 주변 사람들을 많이 소개해주곤 한다.

대화를
주도한다

땅을 사러 오는 부자들은 적게는 수억 많게는 수십억씩 돈을 쓰러 온다. 이런 사람을 맞이하는 사람도 긴장되겠지만, 큰돈을 쓰러 오는 입장에서도 맘 편히 오는 것은 아닐 것이다. 어떤 결정을 내리느냐에 따라 향후 투자의 성패가 갈리기 때문이다.

그런데 묘하게도 부자들과 이야기를 하다 보면 그런 긴장감이나 압박감은 느껴지지 않는다. 오히려 상대의 긴장을 풀어주며 대화를 자연스럽게 이끌어나간다. 아무래도 사업가가 많은 특성상 다양한 분야의 자산가, 고소득자, 유명인 등을 만나다 보니 자연스럽게 몸에 밴 능력인지도 모르겠다.

땅부자들은 일단 첫 만남부터 밝게 웃으며 큰 소리로 인사한다. 인사를 나누고 자리에 앉은 후에는 이야기가 물 흐르듯이 서론 본론 결론으로 진행이 된다. 물론 처음은 이쪽의 가벼운 스몰토크로 시작한다. 어디에서 오셨는지, 차는 안 막혔는지, 땅 투자 경험은 어떻게 되는지 등등, 그러다가 자연스럽게 투자 이야기로 넘어간다.

"이제 잡담은 그만하고 본론으로 들어갑시다. 어떤 땅을 보여주실 거죠?"라는 식으로 이야기가 흘러간 적은 한 번도 없다. 그냥 수다 좀 떨다 보면 서론 본론을 지나서 결론(매매할 것이냐 말 것이냐) 직전에 도달해 있다. 어쩌면 부자들의 삶을 엿보며 수다를 떠는 것이 이 일의 본질이 아닐까 싶은 생각마저 든다. 그만큼 부자들과의 대화는 재미있다. 지금껏 재미없었던 적이 한 번도 없다.

주말마다 빵을 사서 오시는, 그것도 자리에 둘러앉아 잘라 먹을 수 있는 롤 케이크나 파운드 케이크 종류를 사 가지고 오시는 사장님이 있다. 주말마다 부동산 중개 사무소를 방문하다 보니 중개소장들이 어떤 손님을 잘 기억하는지 아주 잘 알고 있다. 아울러 분위기를 편안하게 만들면서 강한 인상을 남기려면 음식을 같이 먹는 게 가장 좋다는 걸 알고 계시기에 방문 때마다 롤 케이크 종류를 사 오시는 것이다. 이런 종류의 음식은 번거롭지 않으면서도 특별한 느낌을 준다. 칼로 자르고 나눠먹는 재미가 색다른 즐거움을 안겨주며, 이야기를 더 쉽게 유도하는 역할을 하기 때문이다.

먹는 이야기를 하다 보면 맛집 이야기, 요리 이야기 등 다양한 먹을거리 이야기가 이어진다. 한국 사람들은 또 먹는 이야기를 좋아하지 않는가. 어디에 뭐가 맛있다 그러면 땅이 좋아서, 물이 좋아서 그렇다는 이야기가 나오고, 자연스럽게 투자 이야기와 매물 브리핑으로 이어진다.

　무엇보다 좋은 점은 부자들이 나를 찾아온다는 것이다. 일반적으로 부자를 만나려면 내가 밥을 사야 하고 돈을 써야 한다. 실제로 유명한 부자를 만나기 위해 1시간에 100만 원을 쓴 적도 있다. 만나고 싶은데 그럴 수 없다면 그 사람이 쓴 책이라도 읽어서 간접 경험이라도 한다. 그런데 땅을 전문으로 하는 중개업을 하면 그런 사람들이 나를 먼저 알아서 찾아준다.

　강남의 여사님들부터 건물주는 물론이고, 건설회사 대표, 대형 식당 사장, 의사, 교수, 펀드 매니저, 해운회사 회장, 일타 강사, 세무사, 회계사, 변리사, 작가, 뮤지션, 운동선수, 슈퍼카 소유자, 억대 시계 소유자, 집을 수십 채 가진 사람, 1년에 내는 세금만 몇억에 달하는 사람 등 나를 찾아오는 부자의 종류도 다양하다. 그런 사람들을 매일같이 만나는데 대화가 지루할 틈이 있겠는가. 만남과 동시에 살아온 이야기도 듣고, 투자 경험 및 최근의 경제 동향에 대한 식견도 얻을 수 있다. 그런 식으로 매물 소개 및 지역 브리핑, 현장 답사 등으로 이야기가 이어진다.

　내가 나서서 대화를 이끌어갈 필요도 없다. 사람을 파악하는 능력이 빠르고, 말 없는 지루한 시간도 손해라고 생각하는 것이 부자다. 정보를 얻든 잡담을 하든 유익한 시간을 만들기 위해 본인이 먼저 노력한다. 그러다 보면 자연스럽게 대화가 진행되고 일이 진행

된다.

거래가 성사되지 않아도 섭섭하지 않다. 그랬던 적이 한 번도 없다. 그들과의 만남과 대화를 나누는 것 자체가 재미있으며 실제 유익하기 때문이다. 부자들의 이야기를 통해 세상을 보는 또 다른 시간을 얻을 수 있다.

친구의
개념이 다르다

 참 이것저것 말 잘하는 부자들이지만, 묘하게도 친구들 이야기는
잘 안 한다. 알고 보면 친구 이야기를 안 하는 것이 아니라, 친구라
고 부를 만한 사람들이 별로 없는 것이다. 물론 친구나 지인 이야기
라고 들려주긴 하지만 자세히 들어보면 비즈니스로 엮인 관계인 경
우가 많다. 쉽게 말해 함께 어울려 놀 만한 친구는 없다는 말이다.

 그도 그럴 것이, 부자는 늘 바쁘다. 특히나 땅부자들은 땅 투자와
본인 사업으로 수익을 내고, 그 수익으로 다시 부동산 투자를 하는
사람들이 많다. 이런 사람들에게 '놀아주는' 친구는 불필요한 존재
다. 어렸을 때부터 알던 동네 친구 혹은 동창들이 있긴 하지만, 알고
보면 다 자신의 비즈니스에 도움이 될 만한 사람들이 주로 남아 있
다. "의료기기 수출하는 친구가 있는데…", "변호사 하는 친구가 있

는데…", "유명한 운동선수 아버지가 내 친구인데…" 등 비즈니스나 지위를 높여주는 것에 도움이 되는 사람들을 친구라 부르는 것이다.

조금 삭막하게 들릴 수는 있다. 하지만 그 때문에 이들은 부자가 될 수 있었던 것이다. 내게 도움이 되고 나도 도움을 주는 그런 관계의 인맥 형성이 꾸준히 이어지면서 어렸을 때 그야말로 같이 놀던 친구들은 하나씩 떨어져나간다.

부자들이 친구가 없는 또 다른 이유는 사람을 골라가며 의견을 듣기 때문이다. 가난한 사람들은 비슷한 수준의 친구나 지인에게 의견을 물어보고 그것을 기준으로 판단하는 우를 범한다. 이것은 잘못된 행동이다. 제대로 된 의견이나 조언을 들을 수 없기 때문이다. 방향성을 확실하게 짚어줄 수 있는 사람을 찾아야 하고, 그 사람으로부터 도움이 될 만한 조언을 들어야 한다.

부자들은 이미 그러한 사실을 알고 있다. 몸소 체험하거나 어릴 때부터 교육을 받았기 때문이다. 따라서 조언은 조언을 받을 만한 사람에게 구해야 한다는 것을 아주 잘 알고 있다. 그러다 보니 함께 노는 친구들보다는 능력 있는 사람들만 주변에 남게 되는 것이다.

이른 시절부터 그런 능력이 되는 사람을 만난다면 좋은 친구로 평생 갈 수 있겠지만 그게 어디 쉬운 일인가. 고교 시절이나 대학 시절 무리 지어 다니던 친구들 중 내가 살면서 조언을 구할 만한 능력을 갖춘 이가 몇이나 되는가? 부자인 친구라 할지라도 금수저로 태어나서 부자인 것이지, 실제 내 사업에 조언을 구하거나 비즈니스파트너로 적합한 능력을 갖춘 친구들이 과연 있던가?

땅부자들은 사업가이자 공격적인 투자자다. 이런 사람들은 친구와 놀 시간이 없다. 실제로 친구와 만나서 놀았다는 이야기를 들어본 적이 거의 없다. 어쩌면 부자가 친구가 없는 것도 당연하다.

부자는
부자를 알아본다

땅을 사러 오는 부자들은 다른 부자들이 어떻게 땅 투자를 하는지 관심이 많다. 어디 사는 누가 땅을 사러 오는지, 그 사람의 땅 투자 규모는 얼마나 되는지 궁금해한다. 손님끼리 마주치는 상황에서는 자연스럽게 서로 인사하고 뭘 보러 왔냐고 묻기도 한다. 그러면서 쉽게 친해진다.

부자들끼리는 한두 마디만 해도 서로 통하는 것이 있다. 동질감을 느끼는 것이다. 부자가 된 친구 이야기도 자주 한다. 이야기를 나누다 보면 자연스럽게 사업하는 친구들 이야기가 나올 때가 있는데, "회계사 하는 내 친구 놈은 자산이 수백억이 넘어"라던가 "무역업 하는 선배는 연소득이 수십억도 넘어"라는 식으로 자랑하는 것이다.

대놓고 다른 부자들은 어떤 선택을 했는지 물어보는 경우도 있다.

"그래서 그 천억 부자는 어디에 투자하셨대요?"

"그 땅 수천 평 가진 부자는 최근에 어느 땅을 추가로 매수하셨나요?"

스스로 선택을 못 하겠으면 다른 부자의 선택을 따라서 해보자는 마음인 것이다. 그런데 신기하게도 그 선택이 맞을 때가 많다. 보다 큰 부자의 선택일수록 더욱 그렇다. 가끔은 현장 전문가인 중개업자보다 감각이 뛰어날 때도 있는데, 그럴 때면 살짝 소름이 돋는다.

부자들은 다른 부자들의 성공 스토리에도 관심이 많다. 재벌가나 자수성가한 사람들의 이야기를 즐겨 듣고, 책으로도 본다. 그 정도 부를 쌓았으면 확실히 무언가 배울 게 있다고 여기기 때문이다. 물론 그만큼 자신의 성공 스토리를 이야기하는 것도 좋아한다. 다른 사람보다 더 노력해서 이 자리까지 왔는데, 누군가 그걸 알아주면 매우 좋아한다. 따라서 사람들이 어떻게 그렇게 부자가 되었느냐고 묻는 것도 개의치 않는다. 할 수만 있다면 하루 종일 이야기도 해줄 수 있을 것이다.

부자들은 부자에게 관심이 많다. 보다 자세히 말하자면, 나보다 더 부자인 사람들에게 관심이 많은 것이라고 볼 수 있다. 다른 사람들이 자신에게 관심이 많은 것처럼 자신 또한 더 큰 부자들에 대한 관심을 당연하다고 여기며 호기심을 보인다. 나와 다른 점이 무엇인지 비교해보고 더 많이 배울 수 있기 때문이다.

다른 부자를
궁금해한다

부자들을 상대하는 땅 투자 전문가로서 부자와 소통하기 위해 여러 방면으로 노력하는데, 그중 하나가 바로 부자들이 즐겨보는 책을 읽는 것이다. 부자들은 책을 많이 보는 편인데, 실용서나 성공 에세이 등을 즐겨 읽는다. 특히 '돈'에 관한 책이라면 나오는 족족 본다는 부자가 많다. 베스트셀러는 여러 번 읽었다는 부자도 있다.

따라서 부자를 자주 접하는 직종에 있는 사람이라면 베스트셀러는 꼭 읽어두는 게 좋다. 이런 일에 종사하다 보면 고객과 대화가 끊기는 상황이 오면 안 되는데, 식상한 날씨 이야기나 가족 이야기보다는 책 이야기를 하면 교감 수치가 확 올라가게 되고 대화도 잘 풀린다. 《부의 추월차선》, 《부자 아빠 가난한 아빠》, 《보도 섀퍼의 돈》 같은 책이 대표적이다. 비교적 젊은 부자가 왔을 때 "《부의 추월차선》보셨나 봐요? 거기 나온 내용대로 잘 하셨네요"라고 말해주면 손님 기분도 좋아지고 분위기도 밝아진다. 책을 선물해주는 것도 꾸준히 관계를 유지하는 데 도움을 준다.

비교적 나이가 지긋한 분들의 경우는 재벌가들의 자서전 내용이 도움이 된다. 신기하게도 나이 든 부자들의 경우 재벌가에 대한 책을 읽은 사람이 많다. 게다가 한국이 후진국에서 개발도상국으로, 개발도상국에서 선진국으로 들어선 과정을 몸소 체험한 70대 이상의 손님에게는 그 중심에 있던 재벌이나 기업가들 이야기가 대화를 해나가는 데 큰 도움이 된다. 특히 70대 이상의 땅부자들은 자산이 수백억대에서 천억대 이상에 이르는 분들이 많아 자서전을 써보시라고 권하면 내가 뭘 그런 걸 쓰냐고 쑥스러워하면서도 진지하게들 생각한다. 이 또한 손님과 이야기를 풀어나가기 좋은 소재다.

부자는 기본적으로 나와 다른 부자 혹은 나보다 더 큰 부자를 만나고 싶어 하는 습성이 있다. 내가 만날 수 없는 부자는 책을 통해 간접적으로라도 만나보고 싶어 한다. 그런 만큼 부자들에게 책 읽기는 또 다른 부의 수단이다.

행운을
준비한다

땅부자들은 운이 좋은 경우도 많다. 앞서 말한 것처럼 노력형 부자들이 더 많은 것이 사실이나, 운이 좋아서 땅 살 돈을 손에 쥔 사람도 열 명 중에 한 명꼴 정도로 있다.

예를 들면 이렇다. 몇 년 전 사둔 아파트가 두 채 있었는데, 전세를 주고 아무 생각 없이 지내고 있던 차에 갑자기 세입자가 이사를 가겠다고 연락이 왔다. 그 사이 전세가가 많이 올라 새로운 임차인을 받으며 5억을 올려 받았다. 흐름을 잘 탄 덕분에 불로소득을 크게 올린 경우다. 이렇게 생긴 5억에 대출을 받아서 8억 정도의 땅을 구매했는데, 운이 좋았다고 할 수 있다. 지금의 이 8억이 추후에 20억, 30억, 혹은 100억이 될지도 모를 일이다.

이런 케이스도 있다. 30대 중반의 유치원 선생이 땅을 사러 왔다.

소형 차량에 수수한 외모여서 땅을 살 돈이 있을까 싶었는데, 1년 전 5,000만 원으로 시작한 코인 투자가 대박이 났단다. 이미 유명해진 메이저 코인은 더 이상 상승 여력이 없을 것 같아서 비슷한 이름의 다른 코인에 과감하게 속된 말로 '몰빵'을 했다고 한다. 그런데 그것이 5억 원까지 오른 것이다. 그야말로 대단한 운이다. 하지만 어떻게 보면 시장을 꿰뚫어본 인사이트와 과감한 결단력 때문에 가능했던 일일 수도 있다.

그래도 본인은 운이 좋다고 생각했는지, 이것으로 족하고 다시는 코인 투자를 하지 않을 거라고 했다. 대신 그 돈으로 좋은 땅을 사서 안정적인 수익을 내고 싶다고, 그래서 땅을 사러 온 길이라고 했다. 어떻게 보면 과감히 투자할 때와 안정적으로 투자할 때를 잘 아는 투자의 고수 같기도 하다. 이 정도라면 실력과 운이 잘 조합된 경우라고 볼 수 있을 것이다.

물론 가장 운이 좋은 케이스는 다름 아닌 '태어나 보니 집이 부자', 즉 금수저 혹은 다이아몬드 수저를 물고 태어난 것이다. 이들은 어릴 때부터 부자가 되는 비법을 전수받는다. 그것도 밥상에서부터! 집에 이미 돈이 많은 터라 부모로부터 건물 한두 채 물려받으면 평생 아무 일도 안 하고 부자로 쭉 살 수 있지만, 사람 마음이 어디 그런가. 말 타면 경마 잡히고 싶다고, 거기에 만족할 수 없다.

이들은 어릴 때부터 수요와 공급의 법칙을 배우고, 투자의 기본 자세를 배운다. 열심히 저축만 해서는 큰 부자가 되기 어렵다는 사실을 배우고, 사업과 투자를 병행해나가는 법을 배운다. 그래야만 자산이 눈덩이 불어나듯 커지기 때문이다. 청년이 되면 적은 돈으로 할 수 있는 사업과 투자를 해볼 기회를 얻기도 한다. 수천만 원으로 인천의 원룸이나 빌라 투자도 해보고, 소액으로 주식 트레이딩도 해본다. 경매 나온 물건을 부모님과 같이 보러 다니기도 하고, 부동산 중개소에 따라나오기도 한다.

무엇보다 이들은 부자들을 만날 기회가 많다. 부모가 부자인 만큼 부모 인맥에 부자들이 넘쳐난다. 어릴 때부터 자연스레 이들과 교류하면서 부자를 책으로 배우는 게 아니라 직접 경험하고 습득하게 된다. 좋은 수저에 경제 교육까지 제대로 받았으니 나중에 어떻게 될까? 부의 대물림 정도가 아니라 제곱에 제곱으로 자산이 늘어나는 집안의 일원이 된다.

물론 이게 전부가 아니다. 처세에도 능하고 도덕적 결함도 없어야 하기에 정직과 신용에 관한 교육과 멘탈 관리까지 받는다. 그야말로 운의 끝판왕 격이라고 할 수 있다.

벼락부자는 누가 되는 걸까?

아주 드물긴 해도 땅을 사러 오는 부자들 중에는 하루아침에 부자가 된 경우도 있다.

10억 이상 하는 땅을 사겠다는 손님이 있었다. 계약일에 부동산 사무실에서 매수인을 기다리고 있는데, 오래된 경차 한 대가 사무실 앞에 도착했다. 차에서 한 부부가 내렸는데 다름 아닌 매수인이었다. 그 행색이 너무 초라해서 속으로 조금 놀랐다. 사람을 외모로 판단해서는 안 되지만, 누가 봐도 시장 상인이나 길거리 노점상으로 착각할 만한 차림이었다. 당장 멈춰 서도 이상할 것 같지 않은 오래된 작은 차, 허름한 7부 바지, 현금 보관용 허리 쌕, 검고 굵직한 팔뚝, 진한 땀 냄새…. 겉모습만 봐서는 절대 10억 이상의 땅을 살 수 있을 것 같은 사람으로 보이지 않았다.

계약을 진행하면서 이분들에 대한 이야기를 들을 수 있었는데, 말로만 듣던 벼락부자였다. 수도권에서 농사를 짓던 부모님에게 물려받은 땅이 신도시에 포함되면서 100억 가까운 보상을 받았다고 한다. 같은 동네에 살던 분들도 보상을 받아 큰 부자가 됐고, 모임을 만들어 주말마다 땅을 사러 다닌다고 한다. 벼락부자가 된 운이 여전히 남아 있었는지 이분들이 구매한 땅은 특A급이었다. 아마 이후로 이분들의 자산은 더 불어날 것이 확실하다.

대부분의 땅부자들은 오랜 기간 열심히 노력해 부를 일군 사람들이 많은데, 아주 가끔은 이처럼 벼락부자도 있다. 로또 1등 당첨자가 돈을 흥청망청 쓰다가 결국 폐인이 되었다는 뉴스를 많이들 봤을 것이다. 이와는 달리 땅을 사러 왔으니 얼마나 다행인가. 벼락부자 여도 계속 부자로 남을 것인지 아닌지는 이후의 행보에 달렸다.

벼락부자가 된 경우를 보면, 일단 흔히 말하는 조상 덕을 본 경우가 가장 많다. 진짜 조상이 묻어둔 땅을 찾은 덕에 떼부자가 된 경우도 있고, 평생 없이 살았는데 아버지가 돌아가시면서 생각지도 못한 큰 재산을 물려준 덕에 부자가 된 경우도 있다. 먼 친척이 돌아가셨 는데 후손이 없어 우선순위로 재산을 상속받는 경우도 있다.

그다음으로는 코인 투자로 대박 난 경우다. 땅을 열 개 정도 사려고 왔다는 사람이 있었다. 땅에 대해서는 잘 몰라도 딱 하나 공부하고 왔는데, 작은 땅이 평단가가 비싸더라도 가격이 작기 때문에 팔기 훨씬 더 좋다는 것. 그래서 작은 땅 열 개 정도를 사려고 한다는 것 이다. 이분은 투자에 대한 감각도, 금융 지식도 딱히 없는 분이었는 데 코인에 묻어둔 돈이 수십 배가 되었다고 한다.

코인 외에 주식으로 벼락부자가 된 경우도 있다. 코로나로 인해 주 식 장이 급락했을 때 과감하게 베팅해서 큰 수익을 얻은 경우다. 일 반적으로 다들 투자를 꺼리는 시점에서 오히려 바겐세일 기간이라고 생각하고 전 재산을 주식에, 그것도 한 종목에 '몰빵'한 투자자가 있었다. 1년 반 정도 지나니 원금이 열 배로 불어났고, 그 돈으로 안전 자산인 땅에 투자하려고 왔다고 했다.

그 외에도 코로나 사태로 인해 제작 판매가 늘어난 키오스크(무인 주문 시스템) 관련 업체 종사자와 마스크 제작 및 수입 관련 종사자, 점점 늘어나는 CCTV로 인해 수혜를 본 CCTV 제작 공장 대표, 재테크 관련 유튜버 등이 있다. 시류의 흐름 덕에 단기간에 부자가 된 케이스다.

자신감이
넘친다

부자라고 해서 항상 인생이 평탄한 것만은 아니다. 사업이나 장사를 하는 경우, 경기에 따라 돈벌이가 들쑥날쑥하고 예상치 못한 변수로 목돈 나갈 일도 생긴다. 투자했다 손해 보는 일도 생긴다. 우리도 인생의 기복이 있듯이 부자들도 마찬가지다.

그럼에도 부자들은 자신감을 잃지 않는다. 예상과는 다른 일들에 주눅 들고 걱정도 될 법한데, 전혀 그렇지 않다. 이미 바닥에서 그 자리까지 올라간 경험이 있기 때문이다. 바닥에서 시작하지 않았어도 인생사 항상 잘 풀리기만 했을까. 갖은 고난을 헤쳐온 경험치와 단단한 마음이 쌓여 있다. 지금은 어려워도 금방 회복되리라는, 위기를 극복할 수 있다는 자신감이 있다.

이러한 자신감은 투자로도 이어진다. 땅에 대한 브리핑을 듣고 눈으로 직접 확인한 후 사기로 결정했으면 망설임이 없다. 그 땅은 무조건 오를 것이라는 확신을 가지고 매입한다. 감이나 운이 좋을 거라는 자만심 때문이 아니다. 그만큼 그 땅에 대해 많이 알아보고 공부하고 고민했기 때문이다. 이미 다각적으로 검증을 마친 후다. 그런 만큼 실패가 적은 것이다.

많은 사람이 계획과 검증 없이 땅을 보러 온다. 어디가 오른다니까, 누가 산다니까, 저기 개발 호재가 있다고 하니까 이 기회에 돈 좀 벌어볼까 해서 일단 와보는 것이다. 지식이나 정보가 없는 상태에서 땅을 본다고 한들 달라질 것은 없다. 오히려 투자 좀 해보겠다고 왔다가 정말 투자해도 되는 것인지 겁만 먹고 돌아간다. 그러고는 끙끙댄다. 사야 할지 말아야 할지. 그나마 좋은 땅을 잘 샀다면 다행이지만, 만에 하나라도 놓쳤을 경우 그거 샀어야 하는데 땅을 치고, 잘못 사면 잘못 산 대로 그 말을 듣지 말았어야 하는데 남 탓을 한다.

모든 땅이 다 균일하게 가격이 오른다면 얼마나 좋을까. 하지만 그런 일은 일어나지 않는다. 어느 땅은 더 빨리 오르고 어느 땅은 느리게 오른다. 전혀 안 오르는 땅도 있고, 오히려 떨어지는 땅도 있다. 결국 수많은 땅 중에서 어디가 금싸라기 땅이 될 것인지 옥석을 가려야 하는데, 그게 그리 쉬운 일일까? 사기 전에 충분히 고민하고 결정을 내려야 하는데, 결정하고 나서 고민을 하니 돌이킬 수 없는 것이다.

실패에 대한 두려움도 땅 투자를 어렵게 만든다. 부자라고 해서 모든 투자가 성공하는 것은 아니다. 그럼에도 부자들이 실행하는 것은 아무것도 안 하는 것보다 낫기 때문이다.

부자라서 돈 좀 잃어도 크게 손해 볼 건 없다고 생각하기 쉽다. 하지만 땅에 들어가는 비용을 고려하면 그리 만만하게 생각할 일이 아니다. 손톱 밑에 가시 하나 박혀도 아프다고 하는 마당에 적지 않은 돈의 손실은 부자에게도 뼈아픈 일이다. 더욱이 부자들의 실패는 더 큰 실패로 이어질 수 있다. 책임져야 할 게 많기 때문이다.

하지만 스스로에 대한 믿음과 자신감이 있다면 설사 실패한다고 그대로 주저앉지는 않는다. 실제로 부자들은 그런 실패를 여러 번 디디고 일어선 경험이 있다. 실패에 대한 생각으로 주저하기보다는 성공의 경험을 되새긴다. 결국 이러한 자신감은 부자들에게는 또 다른 자산인 셈이다.

자신을 밝히는 일에
당당하다

비즈니스를 하는 데 있어 첫인상은 매우 중요하다. 그렇기에 처음 만났을 때 어떻게 인사를 할지, 명함은 어떻게 주고받을지, 대화는 어떻게 이어가야 하는지 등 비즈니스 매너를 강조하는 것 아닌가. 실제로 이런 것들을 가르치는 학원도 있고, 배우러 다니는 사람도 있다.

땅 투자를 하는 부자들도 예외는 아니다. 부자들에게 땅 투자는 중요한 비즈니스 중 하나다. 따라서 부자들은 부동산 중개인과의 만남을 매우 중요하게 여기고, 첫 만남에 신경을 쓴다. 그래서일까. 대부분의 부자들은 매너가 굉장히 좋다. 처음 만날 때 항상 명함을 주면서 자신이 어떤 사람인지를 밝히는 데 거리낌이 없다. 어떤 일을 하고 있고, 어떤 투자를 해왔고, 가족관계는 어떻게 되며, 목표하는 바가 무엇인지 비교적 상세히 말한다. '초면에 이런 이야기까지 한다고?' 의아할 정도로 솔직하다.

이렇게 하는 이유는 다른 게 아니다. 상대가 자신을 잘 알아야 제대로 된 투자를 도와줄 수 있다고 생각하기 때문이다. 이들에게 투자는 굉장히 자연스럽고 당연한 일이다. 절대 숨겨야 할 일이 아니다. 오히려 투자하지 않는 것이 이들에게는 부끄러운 일이다.

오히려 보통의 사람들이 자기 자신을 밝히는 것을 꺼리는 경향이 있다. 상담 예약을 위해 이름을 물어보면 알려주기 좀 그렇다는 사람도 있고, 그냥 어디의 김 여사라고 해두세요, 라는 사람도 있다. 직접 상담을 하러 사무실에 찾아와서도 본인에 대한 이야기를 잘 하려고 하지 않는다. 방어적으로 정보를 주다 보니 이 사람이 왜 지금 투자하려는 것인지 파악하기가 어렵다. 그렇다 보니 일 처리도 늦어진다.

나중에 어느 정도 안면이 트인 후에 사정을 들어보면, 주변에 땅 산 게 알려질까 봐 그랬다는 말이 생각보다 많다. 땅을 샀다는 말에 돈 많이 벌었나 봐 하는 시기심 어린 비아냥거림을 받을까 걱정되고, 혹시라도 탐욕적이고 욕심 많은 사람처럼 비칠까 위축되는 것이다. 즉, 돈 버는 일에 양가감정을 느끼는 것이다. 돈은 벌고 싶지만 내가 너무 돈만 밝히는 것은 아닐지 하고….

부자들은 그렇지 않다. 이들에게 투자는 매우 자연스러운 일이다. 특히나 땅은 장기적 안목을 가지고 해야 하는 만큼 본인의 라이

프 사이클에 맞추는 것이 중요하다. 현재의 자산과 앞으로의 목표, 장래 목돈의 지출 예상 시점을 정확하게 분석해야 투자할 때 탈이 없다. 그렇다면 필요한 정보는 공개하는 것이 훨씬 편하고, 장기적으로도 이득이다. 땅 투자는 투자자에 대한 정보가 많이 공유될수록 가장 좋은 결과를 이끌어낼 수 있다.

상대를
인정할 줄 안다

부동산 중개업을 하는 입장에서 사무소를 방문하는 사람들의 태도를 통해 내가 어떻게 대우받고 있는지 느낄 때가 있다. 누군가에게는 필요한 매물을 대신 구해주는 흔한 복덕방 사장님으로, 누군가에게는 나의 자산을 불려줄 부동산 전문가로…. 후자로 인정해주면 참으로 감사한 마음이 들며, 더 열심히 일하게 된다.

이런 의욕을 더 북돋아주는 사람들이 있다. 바로 땅부자들이다.

땅부자들은 상대방을 있는 그대로 인정할 줄 안다. 어설프게 돈 좀 벌어본 사람들이 아닌 진짜 부자들은 돈이 많다고 재거나 거들먹거리지 않는다. 부동산 중개 사무소에 와서도 중개인을 단지 일을 맡아 처리해줄 대리인이 아닌, 자산을 늘려줄 전문가로 대한다.

약속을 잡으면 잡는 대로 시간 내주어서 감사하다고, 물건을 소개하면 소개하는 대로 좋은 물건 알려주어서 고맙다고 말한다.

한 끼에 수십만 원씩 하는 식사를 대접받을 때도 있다. 처음에는 부자들이라서 이런 밥을 매일 먹는구나, 했다. 하지만 알고 보니 부자라고 이런 데를 말 그대로 밥 먹듯이 다니는 것은 아니었다. 자수성가한 부자들 중에는 의외로 먹고 입는 데 인색한 사람들이 있다. 때문에 그런 고급 식당에 처음 와본 부자들도 의외로 많다. 그럼에도 대접만큼은 확실하게 한다. 덕분에 좋은 투자처를 얻었다는 감사의 표시인 것이다.

최근에도 비슷한 일이 있었다. 공장을 지어 분양하는 한 사장님께서 등기 이전하는 날 고급 한정식 식당에서 밥을 사주셨다. 아직 현장 일을 주로 하시기에 늘 등산화에 등산복 차림으로 다니시지만, 차는 포르쉐 세단이었기에 고급 음식점에도 많이 다니실 줄 알았다. 그래서 이런 곳에도 초대해주셨나 했는데, 본인도 처음 와본 곳이라고 한다. "소장님 덕분에 저도 이런 데를 다 와보네요"라고 하시며, 좋은 물건을 소개해준 보답을 하고 싶어 일부러 장소를 알아보고 예약한 것이라고 했다. 이런 식으로 일에 대한 인정을 받으면 하는 일에 대한 자부심도 솟고 뿌듯하다.

상대방에 대한 존중과 인정은 고스란히 부자 본인에게 되돌아간다. 부동산 거래 역시 기본적으로 사람과 사람이 하는 일이다. 상대방이 어떻게 나오느냐에 따라서 가는 반응도 달라진다. 사람인 이상 나를 존중해주고 인정해주는 사람에게 더 마음이 가게 마련이다. 좋은 물건이 나오면 나를 전문가로 인정해주고 그렇게 대해준 사람을 먼저 떠올리고 연락하는 것이 당연한 이치다.

메모가
습관이다

부자들은 효율적으로 생활하는 게 몸에 밴 사람들이다. 따라서 정보를 중요하게 생각한다. 정보는 시간과 비용을 아껴주는 1등 공신이기 때문이다. 머리가 나쁘면 몸이 고생이라고, 잘못된 정보는 잘못된 발품을 낳는다. 그만큼 시간과 비용이 더 들 수밖에 없다. 그렇기에 부자들은 인터넷에 널린 정보를 탐색하기보다는 현장에서 쓸 만한 정확한 정보를 직접적으로 얻는 것에 집중한다.

메모는 이러한 정보를 잘 활용할 수 있도록 도와주는 도구다. 그리고 부자들은 이러한 도구를 활용하는 데 능숙하다.

부자들은 중개 사무소에 와 상담을 받을 때면 항상 노트와 펜을 꺼내 든다. 처음 듣는 용어가 나오면 다시 되물으며 필요한 정보를 기재하기도 하고, 시세나 물건의 주소 같은 것도 꼼꼼히 적으며 정확하게 숙지한다. 짧은 시간 내에 필요한 정보를 모두 모아 되도록 빨리 좋은 성과를 내고 싶기 때문이다.

부자들은 부가가치가 높은 활동을 많이 하기 때문에 하루 날을 잡아 땅 투자에 할애한다는 것은 이미 계획된 스케줄이다. 그런 만큼 만나서 주고받는 정보 하나하나가 매우 중요하다. 매의 눈으로 꼼꼼히 매물을 살피며, 듣는 틈틈이 손은 메모하느라고 바쁘다. 대개는 손때 묻은 두꺼운 노트를 들고 오는데, 그 안에는 자금 계획부터 개발 계획, 거기에 소요되는 세금, 돈이 들어오는 날짜 등과 같은 다양한 정보들이 빼곡하게 적혀 있다. 상대적으로 젊은 부자들의 경우 휴대폰 등을 이용해 조금 더 스마트하게 메모하고 정보를 저장하기도 한다.

이러한 태도가 부자들을 준전문가로 만들어준다. 알고 있는 것이 많은 사람과 아닌 사람의 질문이 같을 수 없다. 그냥 눈으로 보고 단편적인 정보를 기억하는 것과 메모를 통해서 추가 의견이 생긴 사람의 행보 또한 같을 수 없다. 그냥 와서 중개인이 소개해주는 대로 고개만 끄덕이다 돌아가는 사람과 자기가 직접 정리한 정보를 바탕으로 비교 분석을 하는 사람의 투자 수준이 같을 수도 없다.

즉, 부자들의 메모는 돈이 되는 정보인 것이다.

따라서 여기서 '메모를 잘한다'는 것은 단순히 적는 것을 잘한다는 뜻이 아니다. 말 그대로 나에게 돈이 되는 정보를 스스로 만들어내는 '기술'인 것이다.

정보를 선택적으로
읽지 않는다

부동산은 우리 생활과 밀접하게 연관되어 있기 때문에 정치, 경제, 사회, 문화 등 여러 분야의 영향을 받는다. 따라서 다방면으로 정보를 얻고 변화의 방향을 읽어내는 것이 중요하다. 정부의 정책이나 개발 계획, 관련 세율은 물론이고 은행 이자나 투자 심리 등 돈이 움직이는 흐름과 추세를 파악해야 한다.

이러한 관련 정보를 한꺼번에 얻을 수 있는 방법은 바로 종이 신문을 보는 것이다. 너무 고전적인 방법 아니냐고 할지 모르겠다. 온라인 매체들이 발달하면서 정보를 얻을 곳이 무척이나 많아진 건 사실이다. 유튜브나 블로그, 심지어 휴대폰만 열어도 이런저런 정보를 얻을 수 있다. 하지만 이런 데서 얻는 정보는 매우 선택적이다. 심지어 온라인으로 신문 기사를 볼 때도 본인이 보고 싶은 것만 본다. 많은 사람이 연예나 스포츠 면은 열심히 들여다보면서 경제나 사회, 정치 면은 등한시한다.

종이 신문을 보면 이와 같은 정보의 사각지대를 보완할 수 있다. 한 장 한 장 넘기며 훑기만 해도 필요한 정보를 얻을 수 있다. 때로는 예상치 못한 정보를 얻게 돼 유연하게 대처할 수도 있다. 기업 대표실에 아침마다 혹은 오후에 신문이 놓이는 까닭은 그 때문이다. 사업하는 사람치고 신문 안 보는 사람을 찾기 힘들다. 땅부자도 마찬가지다. 땅부자들도 신문을 보는 사람이 대다수다.

부동산 중개 업무상 경제 신문은 꼭 구독해서 보는데, 상담하러 사무실에 오는 부자들 역시 이 신문 보느냐며 반가워하며 관심을 보인다. 대부분 하루를 일찍 시작하는데, 신문을 꼭 본다는 것이다. 신문을 통해 본인 사업과 관련된 분야의 소식도 접하고, 투자에 관한 국내외 새로운 뉴스를 체크하는 것이다. 본인이 관심 가진 땅에 어떤 호재와 이슈가 있는지 신문을 통해 미리 알고 오거나 신문 정보를 보고 찾아오는 경우도 있다. 그러면 자연히 나눌 대화가 많아진다. 일이 일사천리로 진행됨은 말할 것도 없다.

다양한 소식과 정보에 밝을수록 투자하는 시야가 커지고 다양한 변수에 대응해 기회를 잡을 수 있다. 신문은 그 변수에 유연하게 대처할 수 있게 해주는 정보 창고다. 그렇기에 부자들이 지금 이 시대에도 신문을 구독하는 것이다.

돈에 대한 집중력이
뛰어나다

매일같이 돈을 다루고 투자를 하는 부자들은 셈이 빠르다. 여기서 셈이 빠르다는 말은 단순히 계산이 빠르다는 뜻이 아니다. 이익적인 부분을 넘어 주고받을 돈을 셈하고 치르는 일까지 포함한다.

이미 투자에는 이력이 난 사람들이니만큼 수익률에 대한 계산은 물론이고 세금에 대한 계산도 빠르다. 어느 정도 투자를 하면 수익이 어느 정도로 예상되고, 거기에 소요되는 세금이 얼마니 실제 수익이 어느 정도 되겠다는 것을 바로 예상한다. 단순히 투자 경험이 많아서만은 아니다. 근본적으로 돈에 대한 관심이 높은 것이다.

대형 로펌의 대표 변호사님과 거래한 적이 있다. 법률 전문가이니만큼 법 쪽에만 능통했을 거라 생각했는데, 생각보다 투자에 밝고 셈도 빨랐다. 상담하면서 대략적인 수익률을 분석하고자 홈택스 사이트에서 모의 계산을 하는데, 끝나기도 전에 변호사님이 "대략 이 정도 될 것 같은데요"라고 말씀하시는 거였다. "그럴 수도 있겠네요" 하고 맞장구치면서 계산해보니 큰 오차 없이 수치가 대략 맞아떨어졌다. 놀라서 "계산이 정말 빠르시네요? 혹시 변호사가 아니라 세무사 아니세요?"라고 농담할 정도였다.

이뿐만이 아니다. 부자들은 지급해야 할 돈을 주는 것에도 주저하지 않는다. 많은 손님과 거래를 하다 보면 매매 대금은 제때 입금하면서 취등록세나 중개 수수료는 늦게 입금하는 경우가 종종 있다. 물론 취등록세는 납부해야만 소유권이 이전되니 가능한 한 날짜를 지키지만 중개 수수료의 경우는 대수롭지 않게 여기며 질질 끈다. 지급 날짜를 일주일 이상 넘기는 사람도 있다. 사람 심리상 중개 수수료는 뭔가 손해 보는 느낌도 들고, 안 낼 수도 있었을 텐데 하는 아쉬움도 드는 것이다.

하지만 부자들은 다르다. 부자들은 중개 수수료도 바로 입금한다. 이들은 중개 수수료를 단순한 비용이 아니라 좋은 투자 건을 소개해준 것에 대한 사례라고 생각한다. 감사한 마음으로 기꺼이 내기 때문에 망설이거나 주저하지 않는다. 오히려 더 못 챙겨주는 것이 미안하다며 주변에 많이 소문내고 다니고 소개도 해주겠다는 인사까지 한다.

이는 곧 하나의 투자가 완결이 되었다는 의미와도 같다. 부자들은 일의 끝맺음도 확실하다. 질질 끌어봐야 아무 의미 없다는 걸 잘 알고 있다. 차라리 마무리 지을 일은 빨리 마무리 짓고 다음 일에 집중하는 것이 훨씬 더 생산적이라는 사실을 잘 알고 있다.

셈이 빠르다는 것은 어떻게 보면 머리 회전과 판단이 빠르다는 의미와도 같다. 현재 진행되는 일에 집중해 빨리 마무리를 지을 수 있는 능력이 있다는 뜻이다. 그런 만큼 투자에 대한 확신이 있다. 머뭇거리거나 주저할수록 투자 기회는 사라져간다. 부자들은 그 사실을 잘 알고 있기에 그 기회를 놓치지 않기 위해 항상 준비가 되어 있는 것이다.

돈 걱정의
방향이 다르다

    질문을 하나 해보겠다. 가난한 사람이 돈 걱정이 많을까, 부자가 돈 걱정이 많을까?

    "그게 무슨 소리야, 부자가 돈 걱정을 한다고? 말도 안 돼! 당연히 가난한 사람이 돈 걱정이 많겠지." 아마 많은 사람이 이렇게 대답할 것이다. 우리가 겪는 문제의 90%는 돈으로 해결할 수 있는 문제인데, 돈 많은 부자들이 뭔 돈 걱정을 하겠느냐고 말이다.

    그런데 부자들도 생각보다 돈 걱정을 많이 한다.

    부자들도 돈 없어서 죽겠다는 소리를 달고 산다. 매출이 줄어서, 건물 관리비가 많이 나와서, 내놓은 건물이 안 팔려서 등등. 뭐야, 이거 사람 놀리는 건가, 배부른 소리 하고 앉았네, 라며 뾰족한 반응들이 나오겠지만 어쩌겠는가, 걱정은 다 상대적인 것을. 갖고 있는 것이 많은 사람도 나름대로의 걱정과 고민이 있다. 가지고 있는 것을 지키고 불리기 위해 안간힘을 쓰며 노력하는 것이 그리 쉽지만은 않기 때문이다.

부자들이 가만있지 않는 것은 이 때문이다. 걱정을 떨쳐버리기 위해, 걱정에서 끝나지 않기 위해 부자들은 계속 무언가를 한다. 자기 본업이든, 새로운 사업이든, 부동산 투자든 간에 목표를 세우고 부단히 움직인다. 아이러니하게도 돈에 대한 이들의 걱정이 돈에 대한 관심을 낳고 더 부자로 만드는 것이다.

서울에서 육류 도매업을 하며 매년 한두 번 정도 투자를 하는 분이 있다. 대구 번화가의 좋은 위치에 15층짜리 건물도 하나 올리고, 거기에서 매장도 하나 크게 운영하고 있다. 한번은 본인 건물을 팔면 얼마나 받을 수 있냐고 문의하시기에 알아봤더니 150억 이상이었다. 그런 상황에서 또 땅을 보신다기에 "사장님, 재산도 많으신데 땅을 또 사시네요?"라고 하면 "아유, 아직 멀었죠. 돈 없어서 죽겠어요. 사놓은 땅들이 얼른 더 많이 불어나야 먹고살 만하죠"라고 너스레를 떤다.

그런데 그게 너스레가 아니라 진심으로 그렇게 생각하는 것일 수도 있다. 그래서 부자가 더 무서운 법이다.

우리는 흔히 부자들은 주말에 좋은 데 가서 쉬거나 백화점에 쇼핑 다니고 맛집이나 찾아다니며 유유자적할 것이라고 생각한다. 하지만 생각보다 많은 부자가 주말에도 일을 하거나 투자를 하기 위해 부단히 움직인다. 잘되는 사업장이라면 일요일에도 영업하고, 시간이 난다면 투자 희망 지역의 현지 중개 사무소에 가서 땅도 보고 상담도 받는다.

돈 걱정은 누구나 한다. 부자든 아니든 상관없이. 다만 걱정에 따른 해결 방식이 다르다. 보통의 사람들은 걱정하다가 끝난다. 돈 없어서 죽겠다, 이번 생은 끝났다, 먹고 죽을 돈도 없는데 무슨 투자냐… 노력하기보다는 한탄하고 불만을 쏟아놓는다.

부자들은 다르다. 걱정으로 끝나지 않고 걱정을 없애기 위해 노력한다. 그래서 자수성가한 부자들 중에는 게으른 사람이 없고 행동하지 않는 사람이 없다.

이익 앞에서
계산이 철저하다

    땅을 사러 오는 부자들은 거침이 없다. 행보도 빠르고 결정도 빠르다. 땅이란 것이 항상 평평하고 고른 것만 있는 것은 아니다. 경사가 높은 임야도 있고, 푹 꺼진 전답들도 있으며, 비포장도로에 직접 보려면 험한 길을 헤치고 가야 할 경우도 종종 있다. 그럼에도 부자들의 걸음걸이는 막힘이 없다. 부부가 와서 한 분과 대화하느라 천천히 갈 때면 다른 한 분은 이미 저 멀리 가 있다.

    이들에게 땅은 곧 돈이다. 그런 만큼 빨리 땅을 둘러보고 결정해야 한다. 여유를 부릴 틈이 없다. 그래서일까. 부자들은 하나같이 행동이 빠릿빠릿하다. 원래부터 성향이 그런 탓인지, 아니면 부자가 된 후에 들인 습관인지 모르겠지만 대체적으로 그렇다.

    빠릿빠릿한 성향이 부를 일구는 데 도움이 되는 건 확실하다. 어느 정도냐 하면, 멋진 옷차림에 좋은 신발을 신고 왔어도 좋은 땅이 나왔다는 말을 들으면 바로 현장에 가보겠다고 한다. 옷차림이 흐트러지거나 더러워지는 건 문제도 아니다. 예전에도 좋은 물건이 급매로 나왔기에 꾸준히 연락을 취하고 있는 자산가 부부에게 연락을 했는데, 결혼식에 와 있다며 끝나는 대로 바로 오겠다고 하셨다. 아니나 다를까, 결혼식에 참석했던 차림 그대로 와서는 보여달라 하신다.

일단 위성 지도로 땅을 보여드렸다. 보고 괜찮으면 바로 사겠다고 당장 가보자고 하는데 옷차림이 걱정되었다. 비포장도로에 잡풀도 많이 있어서 옷이랑 신발이 더러워질 텐데 괜찮겠냐고 했더니 그깟 게 뭐 대수냐, 좋은 기회를 놓칠 수는 없다며 가자고 하셨다.

사람들은 대체적으로 어떤 일을 시작할 때 준비가 되어야 한다고 생각한다. 그래서 준비가 안 되어 있으면 준비할 시간을 달라고 한다. 아마 이런 경우 보통의 사람들이라면 저희가 결혼식에 왔으니 옷이라도 갈아입고 언제쯤 갈게요, 라고 말할 것이다. 이건 그냥 미루겠다는 뜻과 다르지 않다. 그렇게 미루는 사이 기회는 다른 사람에게 돌아간다.

사실 옷과 신발은 세탁하거나 다시 사면 그만이다. 부자들은 이익 앞에서 계산이 철저하다. 큰 걸 얻을 수 있다면 작은 손해나 불편쯤은 두말없이 감수한다. 먼저 일이 되게끔 만드는 것이 중요하기 때문이다. 따라서 결정도 행동도 빠르다.

자세를 낮추는 데
익숙하다

땅은 수요와 공급이 매우 잘 작용하는 시장이다. 누가 봐도 좋은 땅은 팔려는 사람은 적고 사려고 하는 사람은 많다. 때문에 땅 주인들이 속된 말로 갑질을 할 때가 간혹 있다. 매수인이 약속 시간에 늦었다고 면박을 주거나 계약을 안 하겠다고 강짜를 놓기도 하고, 괜한 트집을 잡으면서 매매가를 올리려고도 한다. 중개인이 보기에도 너무한다 싶은 상황들이 이어질 때면 오늘 계약이 쉽지 않겠구나 싶다. 결국 매수인이 감정이 상해 계약을 물리는 일도 벌어진다.

그런데 부자들의 경우, 매도인이 아무리 변덕을 부려도 꿈쩍하지 않는다. 오히려 매도인이 무례하게 굴어도 잘 참아내며 상대의 비위를 잘 맞춰준다. 사실 이러한 부분은 중개 사무소에서 담당할 부분이다. 하지만 부자들은 이런 일에 본인이 나서서 잘 해결하는 편이다. 상대의 기분을 잘 맞추면서 슬기롭게 대처한다. 덕분에 계약이 매끄럽게 진행되는 경우가 많다.

영등포에서 수산물 도매업을 크게 하는 부부가 있었다. 이분들이 땅을 하나 매입하게 되었는데, 땅도 가격도 좋은 데 비해 땅 주인 성격이 까칠해 걱정이 되었다. 계약 당일, 주인분이 좀 괄괄한 게 흠인데 놓치면 아까운 땅이니 땅 주인이 어떻게 나오더라도 되도록 참으시라고 언질을 드렸다. 두 분은 걱정하지 마시라고, 장사하다 보면 별의별 사람 다 만나서 이런 건 일도 아니라고 너스레를 떠셨다.

아니나 다를까, 땅 주인이 오자마자 너무 싸게 넘기는 것 같다며 말을 꺼내기 시작했다. 땅값 좀 올려야 되는 거 아니냐, 외지 사람들이 와서 분위기 흐리고 값만 올려놓고 가는 거 아니냐며 면전에 대고 불평을 있는 대로 쏟아냈다. 정말 당혹스러웠다. 양쪽이 함께 있는 자리다 보니 어느 한쪽 편을 들 수도 없고 그야말로 진퇴양난이었다.

땅 주인의 말이 끝나고 잠시 정적이 흘렀다. 그러자 매수인인 부부가 나서서 상냥한 어조로 어르신 말씀이 다 옳다며, 저희는 그저 감사한 마음뿐이라고 맞장구를 쳤다. 그 나이에도 외모도 멋지고 정정하신 것 보면 건강 관리도 잘하신 것 같다며 칭찬을 늘어놓았다. 불같이 불만을 뿜어내던 땅 주인도 그 말에 누그러졌는지 점차 말투도 유해지고 기분이 풀리는 게 느껴졌다. 절대 안 팔 것처럼 굴던 태도를 바꿔서 이 땅 잘 사는 것이라고, 내 땅이라서가 아니라 진짜 좋은 땅이라며 "복도 많으시네, 중개사 복비나 더 챙겨주쇼!"라고 하는 게 아닌가. 덕분에 깜짝 놀랐다.

뻣뻣하고 자존심 셀 것 같은 부자들이 사실은 그렇지 않다. 말 한마디로 천 냥 빚도 갚는다는데 괜한 말이 아니다. 부자들은 말 한마디로 수천에서 수억도 번다.

중개인 관리를
잘한다

흔히 영업직을 회사의 꽃이라 일컫는다. 직접적인 매출을 올리는 곳이기 때문이다. 그런데 이런 평가와는 달리 대부분의 사람은 '영업'을 부정적으로 생각한다. 영업직 하면 '사람을 만나 설득하는 일'이 먼저 떠오른다. 그만큼 발품을 많이 파는 고된 일이라는 인식이 박혀 있다. 사실 틀린 말은 아니다.

영업직은 고객 관리, 인맥 관리도 중요하다. 부동산 중개업도 계약을 성사시키면서 소득을 발생시키니 결국에는 영업직이다. 따라서 고객 관리, 인맥 관리가 중요하다. 주기적으로 고객에게 연락하며 관계를 다지고, 적당한 매물이 나왔을 때 고객이 관심을 갖고 구매할 수 있도록 정보를 제공하게 마련이다.

이런 중개인의 주기적인 연락을 귀찮게 생각하는 사람도 있다.

어떻게 보면 스팸 메일이 아는 사람의 전화라는 형태로 오는 것이니 달갑지 않은 측면도 분명 있을 것이다.

하지만 땅부자들은 다르다. 땅부자들은 이런 연락을 반길 뿐만 아니라 거꾸로 본인들이 부동산 중개인을 관리하기도 한다.

정보가 곧 돈인 세상이다. 부자들은 정보를 얻는 데 수고를 아끼지 않는다. 중개인 관리도 그중 하나다. 땅에 대해서 부동산 중개인만큼 잘 아는 사람이 있을까? 땅부자들은 땅에 대한 정보가 필요하다. 그래서 거래하는 중개 사무소에 주기적으로 연락한다. 요즘 경기는 어떤지, 잘 지내는지 안부를 물으면서 괜찮은 땅 나온 게 있는지 확인한다.

물론 땅 얘기 없이 진짜 안부만 나눌 때도 있다. 생일에는 생일 축하한다고, 명절 때는 명절 잘 보내라고, 연말연시에는 새해 복 많이 받으라는 연락을 꼭 주시는 분도 있다. 그냥 일상적인 대화지만 10분쯤 반갑게 통화하고 나면 뭔가 끈끈한 사이가 된 듯한 유대감이 느껴진다. 그러면 그 고객이 더 특별하게 느껴진다. 이런 것들이 결국에는 좋은 거래를 이끌어내는 밑거름이 된다.

부자들은 이런 연락을 받는 데에만 익숙할 거라고 생각하지만, 사실 부자들이 인맥 관리는 더 잘한다. 자신에게 도움이 되는 사람을 잘 관리하면서 적절한 타이밍에 함께 일할 기회를 만든다.

보통의 사람들은 필요한 순간에만 사람을 찾는데, 부자들은 필요한 순간에 필요한 사람의 도움을 얻을 수 있도록 준비한다. 중개 사무소에 처음 와서 좋은 물건 나오면 연락 주세요, 하고 가는 사람과 꾸준히 연락하면서 좋은 물건 나왔냐고 먼저 물어보고 자주 놀러 오는 사람 중에 누구에게 마음이 더 가겠는가? 사람 마음이란 것이 그렇다.

땅에 미친 부자들의 투자 스타일

땅을 사러 오는 부자들은 이미 다른 상품에 대한 투자 경험이 많다. 금과 은, 주식, 달러는 물론이고 아파트, 재개발 지역 주택, 수익형 오피스텔 등 부동산에 대한 투자 경험도 많다. 땅은 그중 끝판왕 격이라고 할 수 있다. 땅을 싸게 사는 것도 능력, 비싸게 파는 것도 능력이다. 그런데 이 두 가지를 모두 이룰 때 수익이 극대화된다는 것을 잘 알고 있기 때문이다.

모든 투자 상품이 마찬가지겠지만, '땅'은 그 특성상 가격을 낮춰 내놓아도 수년간 팔리지 않는 경우도 많다. 그래서 땅 투자가 어렵고도 재미있는 것이다. 때문에 부자들은 땅의 매력에 흠뻑 빠진다. 심하게 말하면 땅에 미쳐 있는 경우도 많다. 현장 종사자들보다 더 잘 알고 있는 경우도 많고, 실제 투자 지역을 미리 콕 짚어서 오는 손님도 많다. 이런 부자들은 땅을 사고 또 산다. 실제로 땅을 사러 오는 부자 중 땅을 하나만 소유한 경우는 거의 없다. 보통은 여러 땅을 가지고 있다. 한 번에 여러 땅을 매수 또는 매도하기도 한다.

그리고 본인만의 투자 원칙이 있다. 예를 들어 평당(약 3.3제곱미터) 100만 원 정도에 사서 300만 원 정도 되면 되판다던가, 최소 2년 이상은 보유하되 100% 수익이 나면 그전에라도 판다거나, 더 좋은 땅이 나오면 적당한 선에서 매도하고 갈아탄다든가 하는 식이다. 이런 자신의 투자 원칙을 정확하게 이야기해주기 때문에 중개하기에도 편하다. 원하는 타이밍에 사고팔 수 있도록 도움을 줄 수 있다.

그러면 땅 투자에 미치면 어느 정도까지 할 수 있을까? 몇 가지 유형별로 정리해보겠다.

1. 적당한 매물이 없는지 시도 때도 없이 연락하는 유형

수시로 문자가 온다. 점심 시간이고 밤이고 낮이고 주말이고 휴일이고 간에 상관없이 문자를 보낸다. "좋은 땅 나온 거 없나요?"는 차라리 애교다. "○○면 ○○리 쪽 도로변에 나온 건 없나요?"라는 식으로 콕 짚어서 물어보는 경우도 있다. 수시로 알아봐야 기회가 왔을 때 좋을 땅을 차지할 수 있다는 것을 잘 알기 때문이다.

2. 말도 안 되는 시간에 찾아오는 유형

간혹 늦게까지 야근하고 사무실 소파에서 자게 되는 경우가 있다. 사무실 컴퓨터의 모니터 화면의 불빛이 새어나간 것일까? 쿵쿵쿵 문을 두드리는 소리가 들린다. 땅을 보러 왔단다. 밤 11시인 적도 있고, 새벽 5시인 적도 있었다. '이 시간에 땅을 보여달라니… 미친 거 아닌가?'

맞다. 땅 투자에 미치신(?) 것이다.

전날 밤에 매물 알림 사이트에서 물건을 확인하고 잠을 설쳤다고 한다. 밤새 흥분해서 한숨도 못 잔 것이다. 현지 중개업자가 올렸다는 것을 알고 혹시 사무실 근처에 살고 있을지 모른다는 생각에 무작정 찾아왔고, 마침 사무실 창문 안쪽에 불빛이 보여서 문을 두드렸다고 한다. 당황하지 않고 평일 낮에 손님이 오신 것처럼 응대했는데, 대화가 전혀 어색하지 않게 잘 흘러서 신기했다.

3. 내가 못 사면 친구라도 사야 하는 유형

아무리 돈이 많다고 한들 나오는 땅을 족족 다 살 수는 없다. 땅 하나에 10억이면 너덧 개만 사도 40~50억이다. 대출을 이용한다고 해도 현금 30억은 필요하다. 이렇게 내가 돈이 부족할 경우 친구가 땅을 구매하도록 유도해 만족감을 느끼는 부자들도 있다. 자신이 투자할 상황이 못 되면 다른 사람이 대신 투자하는 모습을 통해서 대리 만족이라도 해야 하는 것이다. 무언가에 중독되면 주변 사람들을 끌어들이는 것과 비슷하다.

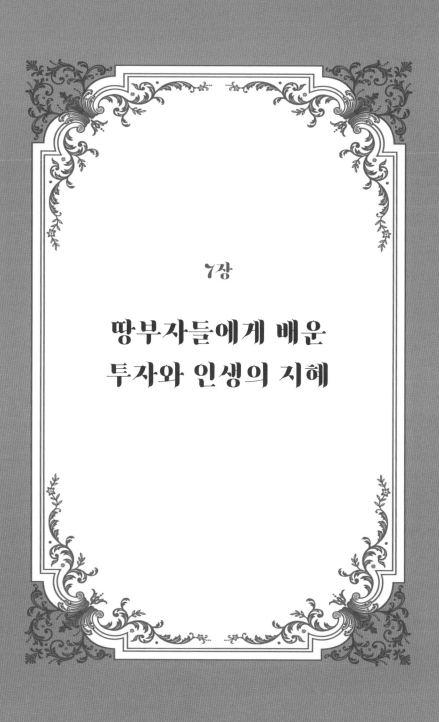

7장

땅부자들에게 배운
투자와 인생의 지혜

내 시간만큼
남의 시간도 소중하다

오전 10시 30분. 부동산 사무실은 손님 맞을 준비가 한창이다. 실내 온도를 쾌적하게 맞춰놓고 커피와 차, 다과 등이 부족하지 않도록 간식 테이블에 채워 넣는다. 모니터에 지도 앱과 로드뷰 페이지를 세팅해놓고 매물 자료도 점검한다.

오늘 오실 손님은 저 멀리 경상남도에서 장거리 운전을 해 올라오는 분이다. 새벽같이 출발하기로 했고, 같이 땅을 본 후에 식사도 함께하기로 했다. 미리 통화한 내용으로 유추해보건대 굉장한 자산가임에 틀림없다. 건물 임대업을 하고 있고, 토지 투자 경험도 몇 번 있다고 했다.

10시 40분, 사무실 앞에 고급 승용차 한 대가 도착했다. 약속 시간은 11시. 아마도 늦지 않으려고 조금 여유 있게 출발한 것이 틀림없다. 하지만 손님은 바로 들어오지 않고 차에서 기다린다. 10시 59분쯤 되었을 때 차에서 내려 기지개를 한번 쭉 켜고 가족들과 함께 부동산 사무실 문을 열고 들어온다.

사실 드문 풍경은 아니다. 땅을 사러 오는 손님들은 약속 시간보다 일찍 오지만 그렇다고 서두르지도 않는다.

땅을 사러 올 정도라면 일단 성공한 부자라고 할 수 있다. 성공한 사람들의 특징 중 하나가 시간의 소중함을 잘 안다는 것이다. 그 시간의 소중함은 자신에게만 해당되지 않는다. 땅부자들은 내 시간만큼이나 남의 시간도 소중하게 생각한다. 따라서 약속 시간보다 늦게 오는 경우를 보기 힘들고, 사정이 생겨 늦어지면 미리 연락이 온다. 헤어질 때 늦은 것에 대해 다시 한 번 사과를 하고 돌아간다.

그래, 시간의 소중함은 그렇다 치고, 왜 군이 약속 시간보다 일찍 와놓고서도 기다리는 것일까? 우리는 통상 늦는 것만이 남의 시간을 뺏는 것이라고 생각한다. 하지만 땅부자들은 다소 다르게 생각한다. 그들은 늦게 도착한 것뿐만 아니라 일찍 도착하는 것도 남의 시간을 빼앗는 일이라고 여긴다.

어디든 마찬가지겠지만, 특히 사람을 자주 만나는 업종의 특성상 부동산 일은 시간 단위로 돌아간다. 앞의 미팅이 길게 이어지면 후속 미팅에도 영향을 준다. 땅부자들은 이를 매우 잘 알고 있다. 땅을 구매하기 위해서는 자신들도 여러 사람을 만나봐야 하는데 시간은 한정되어 있다. 그런 만큼 시간을 효율적으로 써야 한다. 그러려면 상대와의 약속된 시간을 지켜줘야 서로서로 시간을 아낄 수 있다고 생각하는 것이다.

약속 시간보다 일찍 왔으니 모두의 시간을 아낄 수 있는 것 아니냐고 생각할 수 있다. 하지만 우리의 일은 '비용이 많이 드는' 땅을 사고파는 일이다. 그렇다면 팔 사람도 살 사람도 미리 준비가 되어 있어야 한다.

물론 약속 시간보다 10분 일찍 준비를 마치는 건 사회생활을 하는 사람이라면 누구나 알고 있고, 약속 시간보다 이르게 미팅이 시작되더라도 일이 진행될 수 있게끔 하는 것이 능력이다. 하지만 땅을 사고파는 일은 기본적으로 사람과 사람이 하는 일이다. 상대에게 혹은 땅 주인에게 예정된 스케줄이 있을 수 있다. 그것을 단순히 이쪽의 사정으로 일정을 바꾼다면 예상치 못한 변수가 발생한다.

땅부자들은 그러한 사실을 잘 알고 있다. 다음 손님 예약 시간이 언제인지 체크하는 부자도 있는데, 그만큼 상대와의 시간을 효율적으로 쓰겠다는 계산이 깔려 있는 셈이다.

그들에게는 일찍 와서 기다리는 시간도 일종의 투자다. 일찍 와서 사무실이나 주변 환경도 둘러보고 어떤 부분을 중점적으로 볼 것인지 다시 한 번 되새겨보는 것이다. 그러는 사이 이쪽도 오늘 미팅 상대에 대해 되새겨보고 내가 준비를 잘했는지 확인해볼 기회를 갖는다. 덕분에 시간을 낭비할 일 없이 필요한 부분에 대해서 중점적으로 이야기를 나누고 결론을 낼 수 있다.

어떻게 보면 땅부자들의 이런 시간관념은 나의 시간뿐만 아니라 상대방의 시간까지 에누리 없이 쓰겠다는 계산에서 나온 것인지도 모른다. 이유야 어찌되었든 그들의 시간 활용법 덕분에 일이 잘 풀리면 서로에게 좋은 일이니 손해 볼 것은 없다.

나의 시간이 소중한 만큼 남의 시간도 소중히 아껴주는 것 자체가 그 사람의 배포를 보여주는 일이다. 배포가 큰 사람이 일을 그르칠 일이 있으랴.

정보보다
사람이 더 중요하다

부자 곁에는 믿을 만한 능력자들이 있다는 말을 들어봤을 것이
다. 부동산 시장이라고 해서 다를 바 없다. 특히 토지 시장에서는 이
러한 능력자들의 판단과 조언이 중요하다.

아파트, 오피스텔, 상가 등 수익형 부동산의 경우는 시세라는 것
이 어느 정도 정해져 있다. 기본적인 실거래 가격에서 인테리어나
창문의 방향, 층수 등 몇 가지 요인이 덧붙여져 가격이 조금 내려가
거나 올라가거나 하는 정도의 차이가 난다. 따라서 시세보다 낮게
내놓거나 세를 줄 경우에도 어느 정도 수익은 보장된다. 그런 만큼
전문가가 아니어도 판단하는 데 딱히 무리는 없다.

하지만 토지는 다르다. 토지는 부동산 투자 중에서도 가장 전문
적인 영역이다. 토지를 잘못 사면 아무것도 못하고 놀리게 되는 경

우가 생긴다. 그러면 최대 수십 년까지 돈이 묶이기도 한다. 개발제한구역이나 산속 임야를 샀을 경우는 그야말로 골칫거리로 전락한다. 반대로 좋은 땅을 저렴하거나 혹은 시세에 맞는 가격에 사면, 아니 시세보다 조금 비싸게 주고 사더라도 수배에서 수십 배의 수익을 거둘 수 있다. 때로는 100배의 수익이 나는 경우도 있다.

그만큼 투자하기 좋은 땅인가 아닌가 하는 부분은 개인이 판단하기 어렵다. 토지는 개발과 맞물리는 면이 있기 때문이다. 그래서 그 땅의 시장성과 발전 방향, 향후 정부 정책 등을 모두 고려해야 한다. 따라서 그 지역을 잘 아는 전문가의 도움이 확실히 필요하다.

이런 것을 모르고 투자하러 오는 부자는 없다. 부자는 토지만큼은 고수의 영역임을 인정하고, 매물 소개와 투자 조언을 해주는 전문가를 정보만큼이나 중요하게 여긴다. 그 사람이 믿을 만한지 아닌지, 그 사람의 조언이 적절한지 아닌지에 따라 향후 몇 년, 길게는 몇십 년간의 투자 성패가 달려 있기 때문이다.

그래서 이들은 땅을 보는 것만큼이나 소개하고 설명하는 사람에게 집중한다. 지도를 펼쳐 설명할 때 같이 지도를 보며 주변 지역을 살펴보기보다는 설명하는 사람을 더 유심히 쳐다본다. 그 사람의 눈빛, 차림새, 말투를 보며 어떤 사람인지 파악하는 것이다. 이때 믿을 만하다는 확신이 들면 전적으로 신뢰한다.

어째서일까? 이들은 부자가 되는 과정에서 사람으로 인해 성공도 맛보았고 실패도 맛보았기 때문이다.

땅 투자하는 사람들은 사업가인 경우가 많다. 그렇다 보니 많은 사람을 채용해본 경험이 있다. 어떤 직원이 들어오느냐에 따라 회사가 흥하기도 하고 망하기도 한다는 걸 경험적으로 알고 있다. 특히 연세가 좀 지긋한 사업가 출신의 손님들은 더욱 그렇다.

이들은 사람을 믿고 투자한다. 다른 말로 하면 사람 볼 줄 아는 눈이 있다고 할 수 있다. 수억에서 십수억 하는 상품을 사람만 믿고 투자한다? 어떻게 보면 도박수가 강하다고도 할 수 있다. 하지만 그러한 과감함이 이들을 부자로 이끈 것일 수도 있다.

책임을 남에게
떠넘기지 않는다

땅을 사러 오는 부자들이 자주 하는 말이 있다. 주로 매매 흥정 단계와 계약 후에 많이들 하는데, "이 가격에 살 수 없으면 내 것이 아닌가 보다"와 "이제 내가 샀으니 손실도 수익도 모두 내가 감당할 몫이다"라는 말이다. 땅부자들 중에 사업가가 많다 보니 일맥상통하는 부분이 있는데, 사업을 책임지던 습관이 투자에서도 나타나는 것이다.

실제로 토지 상담을 진행하다 보면 잘못된 투자로 손해 본 땅 투자자들이 상당수 있다. 토지와 주변 상태를 꼼꼼히 체크하지 못하고 구매한 것들이다. 지역에 대한 지식도 없고, 현장에 한 번도 가본 적이 없다. 단지 지인이 추천해서 샀고, 부동산이 좋다고 하니까 샀다. 그러다 나중에 문제가 생기면 전적으로 남 탓을 하게 된다. 온전히 내 노력이나 내 결정으로 한 투자가 아니기 때문이다.

그러나 투자에 있어서 이런 수동적인 태도는 굉장히 위험하다. 수천에서 수억 이상 투자하는 것인데, 가전제품 사듯이 단지 누군가의 추천을 받아서 의사결정을 하는 것이다.

땅부자들의 경우 대부분 투자에 대한 결과는 본인의 책임이라고 말한다. 투자 수익이 나면 100% 본인 것이니 그에 대한 손실도 본인이 져야 한다고 생각하는 것이다. 최근 한 자산가께서 10억 정도 하는 투자를 하셨는데, 자녀분들과 함께 오셨다. 이분이 말씀하시길 "이익이 크게 났다고 해서 내가 부동산 사장님 반을 떼어줄 것도 아니고 손실이 반 토막 났다고 해서 보전해달라고 할 일도 아니다. 사업이든 투자든 온전히 결정을 한 사람의 몫이다"라고 하셨는데, 부자들의 투자 철학을 엿볼 수 있는 부분이다.

어떻게 보면 이런 점에서 경영자와 직원의 마인드 차이가 드러난다. 직원들은 회사에 손실이 나도 그게 자신과는 상관없는 일이라고 생각한다. 반면 경영자는 수익뿐만 아니라 손실이나 손해도 오롯이 다 자신의 몫이라고 생각한다. 물론 곳간에서 인심 난다고 수익이 났을 경우 화통하게 베푸는 경영자도 분명 있지만, 기본적으로 경영자라면 이런 마인드를 가지고 있고 땅 투자에서도 그런 점이 드러나는 경우가 많다.

계속하는 말이지만, 땅 투자는 비용이 제법 크게 드는 일이다. 아무리 땅값이 올랐다고 한들 팔려야 손에 돈이 들어오는 법이다. 따라서 웬만한 각오 없이 땅 투자를 하기란 힘들다. 그런 면에서 땅 투자에 대한 책임을 오롯이 지려는 태도는 어떻게 보면 대범함이 느껴진다.

단, 그 대범함 뒤에는 꼼꼼함도 숨어 있다.

땅부자들은 자기가 원하는 것이나 궁금한 것이 있으면 그냥 넘어가지 않는다. 정확하고 또박또박 자신의 의사를 전달하는 데 능숙하다. 말을 못 알아들어서 되묻게 되는 경우가 매우 드물다. 설명을 듣고 아는 것과 모르는 것을 추려서 다시 질문하고 꼭 이해하고 넘어간다. 때문에 나중에 일이 잘못되어도 설명을 잘못 들었거나 오해했다는 식의 변명도 하지 않는다.

인생의 모든 일이 마찬가지겠지만, 땅 투자도 결국 최종 선택은 본인이 하는 것이다. 땅부자들 역시 그 사실을 잘 알고 있다. 땅 투자에 따른 리스크를 잘 알고 있으며, 전문가의 의견에 귀 기울이지만 그 땅을 살지 말지 결정하는 것은 본인이라는 사실을 누구보다 잘 알고 있다.

자신의 인생과 선택에 책임질 줄 아는 사람은 단단하다. 어쩌면 땅부자들은 그렇기에 계속 큰 부를 쌓아가고 있는 것이 아닐까.

굳이 화를
내지 않는다

부동산과 관련된 일은 기본적으로 사람 대 사람으로 이뤄지는 편이라서 대면 만남이 잦다. 그 과정에서 본의 아니게 실수를 하게 되어 상대방의 심기를 거슬리게 하는 일이 종종 발생한다. 실수가 아니더라도 큰돈이 오고가는 일이다 보니 별것 아닌 일에 신경이 예민해져 짜증이나 날카로운 말들이 오가기도 한다.

하지만 땅부자들은 다르다. 아무리 화가 나는 일이 있어도 얼굴 한번 찌푸리지 않는다. 최대한 에둘러서 표현하는 말이 "그 부분은 좀 아쉽네요" 정도다. 물론 화를 내지 못해서 그러는 것이 아니다. 여기에는 여러 가지 의미가 내포되어 있다.

첫째, 화는 나지만 내가 너보다 큰 사람이니 참고 아량을 베풀겠다는 의미가 있다. 어떻게 보면 상대를 아래로 보기 때문에 가능한 일이기도 하다. 하지만 세상사 위고 아래인 관계를 떠나서 화를 내는 것보다 참고 넘어가주는 게 도움이 된다는 것을 경험상 우리는 잘 알고 있다. 물론 그 경험대로 할 수 있는 것은 아니지만, 부자들은 워낙 만나는 사람들의 범위가 넓어서 여러 일을 겪다 보니 내가 더 큰 사람인 양 베푸는 게 정신적으로나 정서적으로나 좋다는 걸 잘 알고 있고 실천을 잘하는 편이다.

둘째, 이번에는 넘어가주겠지만 다음번에는 조심하는 게 좋을 것이라는 일종의 경고일 수도 있다. 사람이 '아쉬움'이 반복되면 불만이 쌓이고 불신으로까지 이어지게 된다. 사업이나 거래를 하는 데 있어 이것은 매우 위험한 신호다. 그러니 미리 시그널을 보냄으로써 일을 망치지 않았으면 하는 의도를 드러내는 것이기도 하다.

셋째, 화를 내는 것보다 "아쉽다" 정도로 표현하는 것이 상대로 하여금 부끄러움을 느끼거나 조심하게 만들 수 있다. 그렇다면 이 쪽에서 주도권을 잡을 수 있다. 이후 거래를 유리하게 끌고 갈 수 있도록 약간의 빚을 지우는 셈이다. 상대도 화를 낼 만한 상황에서 참아주었기 때문에 우호적이 된다.

넷째, 주변에 적을 만들고 싶지 않기 때문이다. 사업상 얻은 경험에서 비롯된 것인데, 사업을 하다 보면 내 마음 같지 않은 일이 많이 생긴다. 그렇다고 그 자리에서 화를 내면 후에 부메랑이 되어 자신에게 돌아오는 경우가 종종 생긴다. 그렇다 보니 일단 참고 보는 습관이 생기는데, 그것이 여기에도 적용된 경우다.

다섯째, 화낼 필요가 없기 때문이다. 이미 자신은 부자고 매달 큰

돈이 통장으로 들어온다. 그런데 내가 투자를 조금 잘못하거나 상대가 실수했기로서니 뭔 큰일이 일어나겠는가. 아무 의미가 없다는 것을 누구보다 본인이 더 잘 알고 있다.

화내는 것 자체가 귀찮아서일 수도 있다. 화낸다고 해서 크게 달라질 게 없는데 뭐 하러 감정 낭비에 시간 낭비까지 하겠는가. 그것 자체가 성가시니 애초부터 화낼 마음을 먹지 않는 것이다.

지난 가격은
지난 가격일 뿐이다

땅값이 급등하는 신도시 주변에 있는 부동산 중개소를 보면 이런 생각이 들 수도 있다. '부동산 사장님 돈 많이 벌었겠네….' 하지만 실제로는 그렇지 못하다. 현장을 오래 지켜봤기 때문에 과거의 땅값을 잘 알고 있는 관계로 쉽게 매수 결정을 내리지 못한다. 예를 들어, 평당 100만 원에 나온 땅이 있다고 치자. 그런데 현장 전문가들은 이 땅이 과거에 평당 30만 원이었다는 것을 알고 있다. 그러니 쉽사리 투자 결정을 못 내리는 것이다.

아파트 투자로 수익을 좀 본 사람이라면 지인들에게 이런 이야기를 들어보았을 것이다.

"너 아파트 쌀 때 진짜 싸게 잘 샀다."

과연 그럴까? 누구도 '지금 아파트 가격이 싸니까 사야지'라고 생각하진 않았을 것이다. 지금이 사야 할 때니까 혹은 필요하니까 구매했을 것이다. 보통의 경우 부동산을 구매할 때 지인들에게 많이 물어보는데, 대부분 이런 대답이 돌아온다. "가격 내려갈 텐데 그걸 지금 왜 사?" "너무 많이 올랐어. 지금 사면 미친 거야." "금리 올라간 건데 괜찮겠어?" "인구 줄어든다는데 그러면 아파트값 내려가." "그 돈이면 주식을 사라." 이런 식으로 부동산 투자를 막는다. 아파트로 수익을 낸 사람일지라도 투자 당시에는 지인들에게 이런 이야기를 몇 번쯤은 들어봤을 것이다.

부자들은 다르다. 땅을 사러 오는 부자들은 이러한 지인의 말을 과감히 배제하고 본인의 판단을 전적으로 믿는다. 그리고 앞으로의 수익률을 계산해 과감히 투자한다. 물론 지인에게 조언을 구할 때도 있다. 그런데 그 지인이 주로 투자 경험이 많거나 땅을 가진 부자들이다.

과거의 땅값을 신경 쓰지 않는 것은 아니지만, 과거에 싸게 산 사람을 시기하거나 지금 가격이 비싸다는 생각에 투자를 포기하는 일은 없다. 더 좋은 시기에 투자한 사람의 선택을 잘했다 생각하고 그 기회를 미리 못 만난 게 조금 아쉬울 뿐이지, 늦었다는 생각에 투자를 철회하지는 않는다. 오히려 지금 시점을 기준으로 미래의 수익률을 집중적으로 계산한다.

가끔 사려는 곳의 땅이 작년에 얼마였는지, 3년 전 가격은 얼마

였는지 물어오는 손님이 있다. 더 나아가 해당 토지의 과거 거래 가격 자체를 이미 다 분석해서 오는 손님도 있다. 이런 사람들은 흔히 간을 보는 경우다. 과거 이 땅을 샀으면 지금 수익을 얼마 봤을 건데 땅을 치며 후회하고 먼저 산 사람을 부러워한다. 이런 사람들은 땅을 사기 위해 온 것이 아니다. 과거 거래 가격과 큰 차이가 없으면 한번 투자해볼까, 하는 가벼운 마음으로 오는 경우가 대부분이다.

물론 부자 중에도 과거의 땅값을 체크하는 경우도 있긴 있다. 이것은 땅값의 흐름을 체크해 앞으로의 수익률을 계산하기 위함이다. 진짜 땅을 사러 온 부자는 과거에 얼마에 거래가 되었고 이 땅의 전 주인이 얼마 벌었는지보다는 흐름을 파악해 현재 시장 상황에 맞는 가격대인지, 앞으로 개발 호재가 지가 상승에 잘 반영될지를 집중적으로 본다. 투자의 고수일수록 토지의 미래 가치에 집중한다는 말이다. 따라서 질문도 이러한 것을 묻는다.

"2년 전에 5억 하던 땅이 현재 10억인데, 5년 후에 20억 이상 갈 수 있을까요?"

땅을 사러 오는 부자들은 지난 가격에 집착하지 않는다. 지난 가격은 지난 가격일 뿐이다. 앞으로 내가 거둘 수익이 더 중요하다.

가치를
먼저 따진다

땅 사러 오는 부자들은 겉으로 드러난 상황만 보고 판단을 내리
지 않는다. 그 안에 감춰진 가치를 찾아내고 새로운 기회를 얻으려
고 한다. 예를 들면 이런 것이다. 땅 투자를 하는 사람이라면 누구나
A급 매물을 원할 것이다. 하지만 세상일이 어디 마음대로 착착 진
행되던가. 여러 가지 여건상 어쩔 수 없이 그보다 떨어지는 B급 내
지 C급 땅을 소개해줄 수밖에 없을 때도 있다.

보통의 경우 땅을 사러 온 손님에게 B급 땅을 소개해주면 다음과
같은 반응이 돌아온다.

"왜 이런 땅을 보여주는 건가요?"
"내가 멀리서 왔는데, 이런 거나 보러온 줄 아세요?"

"땅이 이래서 사면 망하겠네."

부자들은 이런 상황에서도 다르게 생각하고 다른 판단을 내린다. 땅을 사러 온 부자가 아무런 사전 지식 없이 그냥 왔겠는가. 소개받는 땅이 B급이라는 정도는 이미 다 알고 있다. 하지만 시간이 금인 부자들은 한순간도 허투루 보내지 않는다. 이 땅의 가치를 찾아내고 또 다른 기회를 만들 수 있는지 궁리한다. 따라서 반응도 다르다.

"그렇게 좋아 보이지는 않는데, 어떤 부분에서 투자 가치가 있을까요?"
"이 정도 땅은 어느 정도 싸게 매입해야 메리트가 있나요?"
"땅이 별로지만 싸게 사면 수익이 날 수 있겠군요."

이런 식으로 탐구하고 질문하는 게 몸에 배어 있다.
이뿐만이 아니다. 땅을 사든 안 사든 일단 긍정적으로 가치를 찾아내려고 노력한다. A급 땅을 소개해주면 너도 나도 살 것 같은가? 부자의 경우는 그렇다. 좋은 땅이니까 비싼 것이고, 그렇기에 가격이 더 오른다고 판단하기 때문이다. 하지만 보통의 경우 대개 땅이 너무 좋지만 비싸서 안 된다는 반응이 돌아온다. 그러면 C급의 경우는? 부자들은 돈이 되는 이유를 알려달라고 한 번 더 묻지만, 보통 사람은 "이런 걸 소개해주다니, 이 사기꾼아!"라는 반응이 돌아온다.

부자들은 드러난 것만 보고 판단하지 않는다. 무엇이든 긍정적으로 생각하고, 작을지라도 가치를 찾아내려고 노력한다. 이러한 태도가 좋은 에너지를 발산해 그들이 하는 일을 더 잘되게 만들고 부자로 이끈 것이다.

시간과 기회를
만들어낸다

땅부자들은 거리에 대한 개념도 일반 사람들과는 다르다. 부자다 보니 금전적, 시간적 여유도 있고, 여행도 많이 다녀봤으며, 전국 곳곳에 아는 사람도 많다. 일본과 미국 등 해외에도 아는 사람이 있다. 그리고 돈이 된다면 장거리에 있는 땅에 투자하는 것도 마다하지 않는다.

돈 버는 것, 특히 골프나 휴양 같은 재미있는 것에 관련된 일이라면 먼 길이라도 신나고 즐겁게 달려온다. 예를 들어, 수도권 지역에 땅을 사러 왔다고 치자. 땅이 마음에 들어서 사기로 했다. 주인이 나타나서 매매 계약만 체결하면 되는데 땅 주인이 울산에 있어서 오는 데 시간이 걸린다면? 보통의 경우는 "땅 주인이 멀리 사시네"라는 반응을 보일 텐데 땅부자는 그렇지 않다.

"4시간만 기다리면 되겠네."

"울산이면 가깝구먼."

경기도와 울산이 가까운가? 고개가 갸웃거려진다. 하지만 부자들에게는 그냥 경기도와 울산일 뿐이다. 거리 개념이 다른 것이다. 부자들에게는 전국 어디든, 아니 세계 어디든 다 갈 만한 거리다. 다녀보지 않은 사람에게만 먼 거리이지, 만날 여기저기 투자하러, 사업하러, 골프 치러 다니는 부자들은 거리의 개념이 다르다. 멀어도 좋으면 가까운 것이고, 가까워도 좋지 않으면 먼 것이다.

부자들에게 '멀다'라는 말은 부정적 개념이다. 긍정적으로 생각하는 부자들에게는 '가깝다'가 긍정의 개념이다. 따라서 '멀다'라는 말을 쓰지 않는다. 중요한 것은 거리가 아니다. 지금 여기서 내가 얻을 이익이 있느냐 없느냐다. 내가 얻을 이익이 있다면 그것으로 충분하다.

그렇기에 부자들에게 먼 거리는 없다. 세계 어디든 내가 가서 이익을 볼 수 있다면 가면 된다. 특히 돈 버는 일이라면 거리가 뭔 대수겠는가. 이럴 때 필요한 건 거리를 재는 게 아니라 갈 시간을 만들어내는 일이다. 시간과 기회를 만들어낸다면 이후의 일은 일사천리로 풀릴 테니까 말이다.

해야 하는 일은
하라

사람들은 보통 이런 말들을 많이 한다.

"그때 삼성전자 주식을 샀으면 지금 열 배는 뛰었을 텐데…."
"그때 경기도에 사유지를 샀으면 지금 아파트 다섯 채는 살 수 있을 텐데…."
"그때 비트코인이 500만 원이었으니 1억 원어치만 샀어도 지금 10억이 넘었겠네…."

후회를 가장한 가정법들…. 실제로는 아무것도 하지 않았으면서 입으로만 과거의 나에게 원망을 늘어놓고 있는 것이다. 이런 원망이 반성으로 이어지면 좋으련만 그렇지 않다. 원래 실체가 없는 것들은 말로만 끝나게 마련이다.

이런 우스갯소리가 있다. 어떤 사람이 신께 간절히 기도를 했다고 한다. "이번 주에 꼭 로또 당첨되게 해주세요." 하지만 그의 기도는 매번 이루어지지 않았다. 죽은 후에 신 앞에 선 그는 신께 따졌다. 왜 나의 소원을 들어주지 않았냐고. 신이 물었다.

"그래서 로또는 샀느냐?"

그렇다. 일단 저질러놓아야 가능성이 생기고, 기도를 하는 것에도 의미가 있다. 로또 역시 운에 기대는 측면이 크지만, 한 장도 구매하지 않아놓고 당첨 운운하는 것은 그야말로 손 안 대고 코 풀겠다는 격인데, 세상에 그렇게 이뤄지는 일이 어디 있겠는가? 0.1%라도 가능성을 만들어놓고 기도를 하든가 해야 한다.

결국 "그때 했어야 하는데"라는 말은 아무런 의미가 없는 말이다. "그때 했더니 이렇게 되었다"라고 말할 수 있어야 한다. 그래야 설사 실패했더라도 배울 게 생기고 앞으로 나아갈 수 있다. 부자들이 그렇다. 이들은 "○○했더니 ○○가 되었다"라고 말한다. 일단 저지르고 보는 것이다. 그것이 실패를 했든 성공을 했든.

부자들이라고 항상 성공만 하는 것은 아니다. 톨게이트가 생긴다는 말을 듣고 땅을 샀는데 진출입로를 잘못 이해해서 손해를 본 경우도 있고, 코인에 1억을 투자했는데 얼마 지나지 않아 200만 원만 남게 된 경우도 있다. 전세를 끼고 아파트 매매를 했는데 전셋값이 떨어져 외려 돈을 더 내줘야 했던 경우도 있다. 금을 샀는데 금값이 떨어지고, 주식을 샀는데 상장폐지된 경우도 있다. 분명 손해다.

하지만 행하지 않고는 아무것도 이룰 수 없다. 부자와 부자가 아닌 사람은 여기서 갈린다. 아무것도 하지 않으면 아무 일도 일어나지 않는다는 것을 부자들은 잘 알고 있다. 열 번 실패해도 한 번 제대로 성공하면 그동안의 손해와 실패가 만회된다는 것도 잘 알고 있다. 그렇기에 실패를 두려워 않는다.

이렇게 생각할 수도 있다. '가진 게 많으니 그럴 수 있는 것 아닌가?' 하지만 세상 누구나 자기가 가진 것은 소중한 법이다. 부자들은 손해를 보는 액수의 규모 자체가 다르다. 심적으로도 경제적으로도 타격이 없다면 거짓말이다. 그럼에도 투자에 실패한 것은 1~2년 더 일하는 것으로 회복하면 된다고 툭툭 털고 일어난다.

우리는 정보화 시대에 살고 있다. 그런데 고급 정보는 대가를 주어야만 얻을 수 있다. 누구나 분석할 수 있을 정도로 공개된 후라면 이미 늦었다. 그 정보는 더 이상 귀한 정보가 아닌 것이다. 부자들은 이런 사실을 매우 잘 알고 있다. 그렇기에 리스크가 크더라도 일단 한 박자 빨리 투자하는 것이다.

부자들은 '해야 한다'는 말을 달고 산다. 그리고 말로만 그치는 게 아니라 행동으로 바로 옮긴다.

돈이
일하게 하라

통장에 돈이 많으면 마음이 편안하다. 가격에 구애받지 않고 사고 싶은 것, 먹고 싶은 것, 입고 싶은 것 모두 살 수 있다. 얼마나 좋은가. 통장에 한 10억 정도 들어 있어서 언제든 빼 쓸 수 있다고 생각해보자. 병에 걸리거나 사고가 나서 큰돈이 필요한 상황이 닥칠 수도 있는데 얼마나 든든한가.

그런데 땅부자들의 생각은 다르다.

부자들은 외려 통장에 돈이 많이 들어 있는 것을 못 견뎌 한다. 불안해서 참을 수가 없기 때문이다. 현금이 많은데 불안하다고? 고개가 갸웃거려질 것이다. 여기에는 이유가 있다. 다름 아닌 현금 가치 때문이다. 현금 가치가 떨어지고, 그에 대비하지 못할까 봐 불안해하는 것이다.

부자들은 최소한 물가 상승률 이상 돈이 불어나는 형태로 자산을 유지해야 한다고 생각한다. 그런데 통장에 현금을 쌓아둔다는 것은 아무것도 하지 않는다는 의미와 같다.

부자들은 돈에 발이 달렸다고 생각한다. 돈이 일하지 않는 걸 내버려두면 돈이 도망가버린다고 믿는다. 부자들이 흔히 하는 말 중에 하나가 "땅값은 무럭무럭 자라는데 통장의 돈이 놀고 있어서 너무 안타깝다"라는 말이다. 흐르는 시간에, 오르는 땅값에 빨리 돈을 실어 보내야 하는데 그러지 못하는 게 안타까운 것이다.

사실 땅은 리스크가 큰 투자 종목이다. 좋은 땅보다는 안 좋은 땅이 훨씬 더 많고, 좋은 땅을 찾아 매매하는 데에는 많은 수고가 든다. 주식처럼 실시간으로 정보를 얻고 휴대폰으로 사고팔 수도 없다. 그런 만큼 좋은 땅을 분별하는 데 많은 공을 들여야 한다. 직접 가서 보기도 해야 하고, 토지나 건축 전문가에게 조언도 구해야 한다. 관공서에 가서 인허가 관련 문의도 해봐야 한다.

그럼에도 부자들이 땅에 투자하는 이유는 리스크가 큰 만큼 얻을 수 있는 수익도 크기 때문이다. 좋은 땅은 다른 말로 희소성이 있는 물품이다. 희소성이 있다는 것은 그만큼 남들이 탐낸다는 뜻이다. 가지고 있으면 거의 확실하게 수익이 난다.

돈이 일하게 하기 위해서, 큰 수익을 가져오도록 하기 위해서 부자들은 오늘도 땅을 보러 다닌다.

잘하는 투자에
집중하라

땅부자들은 사업 소득이든 투자 소득이든 돈을 벌어본 경험이 풍부한 사람들이다. 주식 투자는 물론이고 금이나 달러, 꼬마빌딩이나 아파트 투자 경험도 많다. 소가 귀하던 시절에는 소에 투자해본 사람도 있고(실제 소 팔아 자식 대학 보낸다는 말이 있듯, 과거에는 소가 귀중한 투자 상품 중 하나였다), 카메라나 홈 오디오가 드물던 1980년대에는 일제 카메라나 수입 오디오에 투자했던 사람도 있었다.

보통의 경우 누가 어떤 식으로 돈을 벌었다는 이야기가 나올 때면 그건 전문가나 어떤 특별한 재주가 있는 사람이나 하는 것이라고 생각한다. 하지만 부자들은 다르다. 일단 말이 나온 순간부터 관심을 갖는다. 어떻게 수익이 나는 구조인지, 어떻게 하면 좋을지 등 끊임없이 질문한다.

최근 떠오르는 가상화폐나 메타버스 같은 경우는 투자를 꽤나 하는 사람들도 어려워한다. 하물며 나이 든 부자들은 더욱 그렇다. 그럼에도 배우고 알아가려고 한다. 아니, 그 정도로 만족하지 않고 다른 사람에게 설명할 수 있을 정도의 수준에 올라야 직성이 풀린다.

한 60대 손님이 블록체인 기술을 알고 싶다면서 계속 질문을 하는데, 30분을 넘게 설명을 드려도 이해시키기가 요원했다. 일주일 후에 그분을 다시 만났는데, 그 사이 아주 블록체인 전문가가 되어서 오신 게 아닌가. 집에 돌아가서 블록체인과 가상화폐에 대한 유튜브 영상을 닥치는 대로 봤다고 한다. 서점에 가서 관련 책도 세 권이나 사서 읽었다고도 했다. 그러면서 가상화폐 예찬론을 펼쳤다.

그래서 그분이 가상화폐에 투자했을까?

결론부터 말하자면 아니다. 공부를 해보니 좋은 건 알겠는데, 본인에게는 땅 투자가 더 맞는다고 결론을 내렸다고 한다. 땅부자들은 특히나 그렇다. 모든 투자 상품에 관심이 많고 배우려고 하지만 본인의 투자 성향과 안 맞으면 굳이 하려고 들지 않는다. 하긴 '땅' 투자를 많이 하니 '땅' 부자가 된 것이 아니겠는가. 본인이 관심 많고 잘하는 것을 하면 된다. 오죽하면 유명 투자자인 존 리 대표도 비트코인은 잘 몰라서 투자하지 않는다고 하지 않았는가.

부자들은 잘나가는 투자 상품이 보이면 왜 거기에 돈이 몰리게 되었는지를 배우고 이해하려고 한다. 하지만 동시에 그것이 내가 꾸준히 관심을 가지고 잘할 수 있는 투자인지 냉철하게 분석한다.

그렇지 않다는 판단이 들면 더 이상 미련을 갖지 않고 접는다. 부자들에게는 시간이 곧 돈이다. 모든 판단과 행동이 빠르다. 새로운 투자 상품을 열린 마음으로 바라보고 공부하지만, 결국 잘할 수 있는 투자에 집중하는 것. 이것이 부자들의 비결이다.

김 사장님이 사람을 믿는 방법

땅을 사러 오는 부자들 중 특이한 철학을 가진 분들이 있는데, 용인에서 크게 가든을 운영하시는 김 사장님도 그중 한 사람이다.

김 사장님은 사람을 잘 믿지 않는다. 의심하고 또 의심한다. 그런데 대화를 통해 이 사람이 믿을 만한 사람이라는 판단이 들면 이후로는 무한 신뢰를 보낸다. '의심되면 쓰지 말고, 썼으면 의심 마라'는 《명심보감》에 나오는 말을 그대로 실천하는 것이다.

그래서인지 김 사장님과 첫 만남은 매우 특이했다. 분명 땅을 보러 왔을 텐데, 매물에 대한 소개는 잘 듣지도 않고 자꾸 다른 이야기만 했다. 사업하다 망한 이야기, 속 썩이는 자식 이야기, 지역 맛집 이야기, 골프 이야기… 그래도 말을 참 재미있게 해서 시간 가는 줄 모르고 듣고 있었다. 그러다가 어느 순간 정신을 차려보니 이제는 김 사장님이 듣기만 하고 내가 더 말을 많이 하고 있었다.

이것이 바로 김 사장님 스타일이다. 처음에는 80대20 정도로 자기가 말을 많이 하는데, 뒤로 갈수록 20대80 정도로 상대방이 말을 더 하도록 유도한다. 그런 식으로 상대의 이야기를 들어보고 믿을 만한지 아닌지를 판단하는 것이다. 믿어도 되는 사람이라는 판단이 들면, 이후 매매 과정을 상대에게 다 맡겨버린다.

본인이 직접 매물을 보러 가지도 않는다. 매물의 상태, 상황 분석, 구매에 대한 판단, 최종 결정까지 다 맡겨버린다. 어떻게 그게 가능한지는 모르겠지만, 아마도 대화를 통해 사람을 판단하는 나름의 노하우나 기술이 있는 모양이다.

아무나 이렇게 따라 하다가는 큰일 난다. 자칫 사기꾼 같은 사람 만나서 떠넘기기식으로 악성 재고를 사게 되는 수가 있다. 달콤한 말로 사람을 현혹하는 기획 부동산에 걸려들 수도 있다. 최악의 경우 몇 년째 안 팔리는 농림지, 그것도 맹지(도로와 맞닿은 부분이 전혀 없는 토지)나 산속이라 개발이 안 되어 향후 수십 년간 팔릴 리 없는 땅을 사 돈을 버리게 되는 수도 있다. 그러니 어설프게 따라 하지 말고 본인이 꼼꼼히 챙기는 버릇을 들이는 편이 좋다.

어쨌든 김 사장님은 사람 보는 눈이 정확한 탓이지 이런 식으로 투자해도 실패한 적이 없었던 모양이다. 김 사장님이 가진 땅을 봤더니 모두 좋은 땅이었다. 드문 경우지만 이런 식으로 땅 투자를 하는 땅부자도 있다.

돈을 버는 것은 결국
돈이다

'부익부 빈익빈'이라는 말이 있다. 부자는 점점 부자가 되고, 가난한 사람은 더욱 가난해진다는 뜻이다. 가난한 사람 입장에서는 참 황당한 말이다. 하지만 입장 바꿔 재산을 늘리는 재주가 있는 사람의 시선으로 보자면 당연한 말일 수 있다.

부자들은 부익부 빈익빈이라는 말을 철석같이 믿는다. 재산을 물려줄 때에도 이 말을 기반으로 생각하고 행동한다. 다시 말해, 뭘 해도 잘 안 풀리고, 있는 돈도 날려먹고 있는 자식보다는 하는 일마다 잘되는 성공 유전자를 가진 자식에게 재산을 물려주는 것이 합당하다고 생각한다. 그래야만 가문의 부가 유지될뿐더러 더 많은 부를 거머쥘 수 있기 때문이다.

"미운 놈 떡 하나 더 준다"는 말은 부자에게 통하지 않는다. 그래봤자 떡 다 먹고 나서 빈 접시만 들고 다니기 십상이기 때문이다. 차라리 능력 있는 자식에게 더 많이 물려줘서 자산을 더 불리도록 하고 어려운 형제를 보살피도록 하는 게 더 낫겠다고 생각한다.

따라서 부모 자식 간에 서운한 감정 같은 것은 배제한다. 부자들은 냉철하다. 감정보다는 이성을 앞세운다. 사람이 어쩜 저럴 수 있을까 싶은 행동들도 하는데, 시간이 지나고 보면 그로 인한 결과가 대개 좋다. 드라마 같은 데서야 유산을 둘러싸고 형제간에 반목하는 장면이 나오지만 현실에서는 그렇지 않다. 더 많이 받은 사람이 더 크게 성공해서 나머지 형제와 가족들을 잘 챙기며 잘 지내는 집들도 많다.

부자들은 돈을 불릴 능력이 있는 사람이 그렇게 하는 것을 당연하다고 생각한다. 또한 자신도 그러한 능력이 있다고 믿고 있다. 아무래도 남들보다 성공 경험이 많은 만큼, 그래서 그 정도의 부를 일군 만큼 이러한 자신감은 어찌 보면 당연한 일이다.

부자들은 돈을 벌면 자산을 늘리는 데 쓴다. 너무 미련하게 돈만 모으는 것이 아닌가, 하는 생각이 들 수도 있다. 그런데 부자들에게는 자산을 늘리는 것이 큰 즐거움이다. 그 즐거움을 얻기 위해 투자하는 것이다.

개중에는 부동산 중독이지 않나 싶을 정도로 부동산 늘리는 것에 집중하는 부자들이 많다. 부동산 등기가 하나하나 늘어갈 때마다 기쁘기 때문에 그런 것이다. 땅값이나 건물값이 오르면 되팔아서 더 큰 땅을 사거나 더 좋은 입지의 건물로 갈아타기도 하고, 기존 부동산을 담보로 대출을 받아서 또 다른 부동산을 추가 매입하기도 한다. 추가 대출이 가능한지 수시로 은행에 드나들며 알아보고, 내가 투자금을 얼마 정도 마련할 수 있는지 늘 체크하고 있다. 언제든 좋은 매물이 나오면 바로 매입할 준비를 하고 있는 것이다.

이러한 준비가 부자를 더 큰 부자로 만든다. 늘 총알(투자금)을 만들 준비가 되어 있으니 기회가 생긴다면 우선적으로 부자에게로 간다. 자금이 있어 땅을 매입할 수 있고, 땅의 가격이 상승하면 추가로 자금이 융통 가능해진다. 부자들의 이런 투자 방식이 부를 더욱 굴리고 더 큰 덩어리로 만든다. 부자들은 이러한 사실을 누구보다 잘 알고 몸소 실천하고 있다.

투자는
미루지 않는다

밤늦게 손님이 오셔서 일을 마치고 집에 돌아오면 자정에 가까운 경우가 간혹 있다. '무슨 부동산 중개 사무소가 밤늦게까지 일을 하나…. 집이나 건물은 낮에 보는 것 아닌가?' 하는 생각이 들 수 있다. 일견 맞는 말이지만 땅 투자의 경우는 조금 다르다. 땅에 투자하는 부자들은 일반 부동산 투자자와는 패턴이 조금 다르다.

땅부자들은 결코 투자를 미루지 않는다.

그들은 밤이든 낮이든 비가 오든 눈이 오든 사야 할 땅이 있으면 일단 투자하러 온다. 한번은 강남에서 사업을 하는 거래가 잦은 단골 투자 손님과 주말에 뵙기로 했는데, 주중에 좋은 물건이 나온 적이 있다. 화성 쪽에 좋은 위치에 시세보다 30%는 저렴한 땅이 급매로 나온 것이다. 만나기로 한 주말까지 며칠 남았지만 일단 연락을 취했다. 사장님은 저녁에 중요한 약속이 있다면서 다시 연락을 준다고 하셨다. 잠시 후, 본인 스케줄을 확인했는지 바로 연락을 해서는 10시까지는 무슨 일이 있어도 사무실로 갈 테니 기다려줄 수 있겠느냐고 물었다. 그러겠다고 했다. 사장님은 말한 대로 10시경에 사무실을 방문했고, 그 즉시 위성 지도와 여러 서류를 검토한 뒤 바로 현장에 가보자고 했다.

땅 사기 전 현장 방문이 사장님의 철칙이었다. 땅이 나온 화성 서부 지역은 아직 개발이 덜 된 변두리 지역으로 가로등도 별로 없어 너무 깜깜했다. 땅을 보기엔 너무 힘든 상황이었으나 자동차 라이트로 땅을 비춰가며 혹 문제가 없는지 확인했다. 그런 후 어떻게 되었을까?

그 땅은 결국 사장님의 소유가 되었다.

보통 사람들은 부동산 중개 사무소와의 약속은 중요하게 생각하지 않는다. 좋은 땅 나오면 연락을 달라고는 하는데, 막상 연락하면 이런저런 핑계로 미적대는 사람도 적지 않다. 날이 흐려서, 비가 와서, 피곤해서, 급한 약속이 생겨서… 그러다가 오늘 아니면 다음에 하지, 그것만 땅인가, 다른 땅도 많은데 하는 생각에 쉽게 약속을 깨거나 투자를 미루는 것이다.

하지만 부자들에게는 아니다. 부자들에게는 투자가 굉장히 중요한 일 중 하나기 때문에 결코 가볍게 생각하거나 미루지 않는다. 다른 선약이 있어도 사안에 따라 양해를 구하고 땅을 보러 오거나 앞서 말한 사장님처럼 시간이 허락하는 대로 바로 달려온다. 이렇게 돈 버는 일을 중요하게 생각하니 돈이 많은 것도 그리 이상한 일은 아니다.

많은 사람이 부자가 되고 싶다고 생각하면서도 막상 행동은 그렇게 하지 않는다. 부자들은 돈밖에 모르는 사람들이라고, 그렇게 살면 행복한지 모르겠다고 말하지만 이건 여우의 신포도와 다름없다. 막상 돈이 없어서 고민이고 돈을 벌기 위해서 노력하지 않는가.

결국 부자가 되느냐 마느냐의 차이는 행동에 있다. 생각만으로는 부자가 될 수 없다. 투자의 기회를 포착하고 미루지 않는 것, 그 차이가 부자를 만든다.

자금 계획은
철저히 세운다

사무실 앞에 벤츠 S클래스가 멈춰 선다. 멋지게 차려입은 중년 부부가 내려 사무실로 걸어 들어온다. 어서 오시라고 접객을 하니 분당에서 왔다고 하면서 가슴에서 접어놓은 종이 한 장을 꺼낸다. 뭘까, 하고 들여다보았더니 본인들 자금에 대한 상세한 내역이 손글씨로 빼곡히 적혀 있었다. 사무실 방문 전날, 두 분이서 함께 투자와 자금에 대한 계획을 세우고 정리해서 왔다고 한다. 현재 생활비와 노후 자금, 시간이 지나면서 줄어들 소득과 자녀들에게 나갈 비용들까지 꼼꼼히 정리되어 있었다.

사람들은 흔히 착각한다. 부자들은 돈이 많으니 투자가 별 대수겠냐고 말이다. 땅 하나야 그냥 가진 돈에서 얼마 뚝 떼어 사면 되는 것 아니냐고 말이다. 그렇지 않다. 부자들은 생각 이상으로 계획적인 투자를 한다.

두 분의 현재 투자 상황과 자금 계획을 보니 자산이 한 100억 정도 되는 걸로 추측되었다. 두 분은 노후 준비를 위해 10년 정도 미래를 바라볼 땅을 찾는다고 했다. 얼추 계산해보니 현실적으로 투자해서 무리 없을 재산 중 당장 현금화할 수 있는 자금은 6억인데, 세금까지 고려해서 5억 중반의 땅이면 좋겠다는 주문도 덧붙였다. 이 정도면 굉장히 구체적인 자금 계획이다. 보통은 뭉뚱그려서 얼마부터 얼마, 금액대를 산정하거나 얼마까지 가능하다는 식의 상한선을 제시하기 때문이다.

이런 세부 조건을 들으면 훨씬 더 빠르게 그에 맞는 좋은 물건을 구해줄 수 있다. 금액 자체가 현실적으로 가능하고 어떻게 자금을 조달할지 구체적이기 때문에 조건만 맞으면 거래가 금세 성사된다는 걸 아는 탓이다.

그깟 금액이 뭐라고 생각할 수도 있다. 하지만 이는 굉장히 큰 차이다. 막연하게 땅 한번 사봐야겠으니 와서 "어디 살 만한 땅 있어요? 대충 5~10억대면 되는데?"라고 묻는 것과 "10년 묵혀두면 좋겠고, 세금 포함해서 6억대면 좋겠습니다"고 제시하는 것, 어느 쪽에 끌리는가? 이건 누가 봐도 후자의 경우가 계획이 잘 서 있다고 판단할 수밖에 없다.

아무리 돈이 많아도 투자 금액이 정해지지 않으면 그건 그냥 해도 그만 안 해도 그만인 것이다. 땅이 마음에 들어 당장 내일이라도 계약금을 입금해야 하는 상황이라고 해보자. 상대가 급해서 잔금일이 언제까지였으면 좋겠다고 조건을 제시했다. 자금 계획이 서 있는 사람은 당황하지 않고 제 날짜에 필요한 금액을 지불한다. 투자를 위한 자금 계획이 이미 마련되어 있기 때문이다.

부자들은 절대로 '남들이 하니까 나도 해야지'라는 마음으로 투자하지 않는다. 이 노부부처럼 더 풍족한 노후를 보내기 위해서든, 후에 사업 자금을 더 얻기 위해서든 부자들에게는 투자를 해야 할 이유가 확실히 있다. 그러려면 어느 정도 수익을 거둬야 하는지, 현재 가진 자산으로 어디까지 가능한지 철저히 계산해보는 일이 필요하다.

계획 없이는 실행도 없다. 부자들은 이 사실을 잘 알고 있으며, 막연하게 투자하지 않는다. 이러한 계획성 때문에 부자들은 남들보다 투자의 기회도 빠르게 낚아채고 투자의 결실도 빠르게 나타나는 것이다.

돈은 같이
잘 벌어야 한다

땅부자들이 매물을 내놓을 때 특이한 점이 있다. 빨리 팔릴 만한 금액으로 매물을 내놓는 것이다. 부동산에 내놓는 매물들은 시세보다 저렴한 것도, 시세보다 비싼 것도 있다. 시세보다 두 배 더 비싼 가격에 나오는 것들도 있다. 땅의 가치가 없거나 땅값이 너무 높아서 잘 안 팔리고 계속 매물로 남게 되는 땅들이 있는데, 부자들은 손해는 보지 않되 빠르게 거래될 수 있도록 딱 팔릴 만한 금액에 매물을 내놓는다.

한 손님에게 연락이 왔다. 3년 전에 매입한 땅을 팔고 다른 땅으로 갈아타고 싶다고, 얼마쯤 받을 수 있느냐고 물으셨다. 요즘 시세로 따지면 10억 정도면 괜찮을 것 같다고 제안했다. 해당 토지가

2차선에 붙어 있고, 건축이 가능한 땅으로, 뜨고 있는 동네에 있는지라 찾는 사람도 많았다. 그러자 손님이 9억 5,000만 원에 내놓으면 어떻겠냐는 것이다. 이유를 물으니 그래야 빨리 잘 팔린다며, 다른 사람도 먹을 게 있어야지 나만 좋자고 비싸게 내놓을 수 있냐는 답이 돌아왔다.

부자들은 시장을 키우는 것에도 관심이 있다. 나만 좋아야 좋은 게 아니라, 실제로 다른 사람도 좋다고 느껴야 그 시장이 커지고 활발해진다고 생각한다. 투자를 해서 이익을 본 사람이 많아져야 거래가 활발해지고 시장이 커진다고 생각한다. 따라서 부자들은 거래에 있어 큰 욕심을 부리지 않는다. 매수인이 되었든 매도인이 되었든 억지를 부리거나 무리한 금액을 제시하지 않는다. 누구나 납득하고 기분 좋게 거래할 수 있는 조건을 제시한다. 그래서 부자들의 거래는 매수든 매도든 비교적 신속하게 이루어진다.

이뿐만이 아니다. 건물주일 경우 주변보다 저렴하게 임대료를 받는 부자들도 있다. 자신의 건물에서 사업을 하는 만큼 다 같이 잘되어야 하지 않겠느냐는 것이 그 이유다. 압구정에 꼬마빌딩을 여러 채 갖고 있는 한 고객의 경우 주변보다 꼭 10~20% 저렴하게 가게를 세놓으신다. 건물주 입장에서는 임차인이 자주 바뀌는 것이 좋지 않다, 경기도 어려운데 임대료 내느라 허리가 휘면 누가 이 건물에서 오래 사업을 하고 싶겠느냐는 것이다. 나 혼자 잘 먹고 잘살자 하면 화를 입고, 다 같이 잘 먹고 잘살자 하면 그게 다 본인에게 돌아온다는 지론이었다.

그렇다. 돈을 더 잘 벌기 위해서는 돈의 순환이 잘 이루어져야 한다. 하지만 욕심을 부리면 돈은 순환하지 않고 어느 순간 정체된다. 그러면 다 같이 손해를 본다. 황금알을 낳는 거위의 배를 가르다가 황금도 거위도 다 잃은 이야기를 우리는 알고 있다. 조금만 욕심을 줄이고 상황을 제대로 보았다면 거위도 살았고, 황금도 계속 얻었을 것이다. 부자들은 이러한 사실을 잘 알고 있다.

현재 상황에
집중한다

그렇다면 부자들은 늘 수십억짜리 땅만 사들일까? 그렇지 않다. 어느 누가 은행에 그만한 현금을 보유하고 있겠는가. 더욱이 현금 가치가 나날이 떨어져가는 마당에 부자들이 금리 1~2% 얻고자 그 많은 돈을 은행에 묵히겠는가? 부자들에게 이는 자살 행위와 다름 없다.

부자들은 절대 돈을 놀리지 않는다. 금융 자산이든 부동산 자산이든, 그들의 돈은 현금의 형태가 아닌 채로 쉴 틈 없이 돌아가며 지금 이 순간에도 수익을 안겨다주고 있다.

그렇다면 이들은 어떻게 투자하는 걸까? 부동산은 목돈이 들어가는 투자인데 그만한 현금이 없다면 대체 어떻게 땅을 사들일까? 간단하다. 기존의 부동산 자산을 매도하면서 여유 자금이 크게 생기거나 필요에 따라 금융 자산을 일부 현금화해서 그에 맞게 투자한다. 따라서 부자들이라고 항상 큰 금액을 들고 와 땅을 사지는 않는다. 수백억 부자들도 1~2억짜리 땅에 투자한다. 가족에게 증여하는 경우도 많아 심심치 않게 소액의 물건을 매입한다.

보통의 손님들은 2~3억짜리 땅을 구하면 "저희가 가진 돈이 너무 적죠? 부자들은 수십억짜리 살 텐데"라고 말하기도 하는데, 이는 겸손한 것이 아니라 자신들을 하찮게 여기는 태도에 가깝다. 우리가 부자라면 더 많은 돈을 들고 와서 더 많은 돈을 벌 수 있었을 텐데, 하는 아쉬움이 깔려 있기 때문이다.

실제로 돈이 부족해서 이런 땅밖에 사지 못한다는 생각에 다른 사람은 어떤 땅을 샀는지 묻기만 하고 결정을 미루는 경우도 많다. 가진 돈은 2~3억뿐이지만 이미 눈높이는 20억 정도 하는 땅에 머물러 있기 때문이다. 심지어 그런 땅 중에 싸게 구매할 수 있는 게 혹시 없느냐 하는 질문도 심심치 않게 던진다.

부자들은 다르다. 부자들은 투자 금액이 1억이든 20억이든 상관하지 않는다. 부자들에게는 돈의 액수보다는 그 돈으로 얼마만큼의 수익을 거둘 수 있느냐가 더 중요하기 때문이다. 1억이면 1억, 20억이면 20억을 굴려서 수익이 나는 게 더 중요하다. 돈이 노는 것보다 단돈 1원이라도 굴러가는 게 우선이다.

부자들은 적은 돈으로는 비싸고 좋은 땅을 살 수 없다는 것을 잘 알고 있다. 딱 그만큼의 금액으로 고를 수 있는 적당한 땅이 있으면 그것으로 만족한다. 그러니 부자들에게는 투자 금액의 많고 적음은 문제가 되지 않는다. 가용 자금에 맞는 투자처가 있는지 없는지가 문제일 뿐. 따라서 의사결정도 빠르고 후회도 하지 않는다.

부자들은 현재 상황에 집중해 합리적인 선택을 한다. 이것저것 따지는 사이 누군가 그 기회를 빼앗아간다는 사실을 잘 알고 있기 때문이다. 안 되는 이유만 찾다가는 진짜 안 된다. 부자들은 되는 이유를 먼저 찾는다. 부자들이 시간은 아끼며 돈을 더 버는 것은 이 때문이다.

옷차림도
전략이다

사람을 대변하는 것에는 여러 가지가 있다. 행동거지, 말투, 사용하는 단어, 옷차림, 걸음걸이, 체형, 생각 등과 같은 것들이다. 특히 겉으로 드러나는 외모적인 부분은 첫인상을 좌우할 만큼 중요하다.

물론 첫인상이라는 것은 이후에 달라지기도 하지만 첫 만남에서 중요한 요소로 작용하는 것은 사실이다. 그래서 면접이라든가 소개팅이라든가 상견례라든가 중요한 만남이 있을 때 우리는 일단 옷차림을 단정히 한다. 가장 직관적으로 판단할 수 있는 것이 바로 옷차림이기 때문이다.

부자들은 이러한 사실을 잘 알고 있다. 한 발 더 나아가 부자들은 옷차림을 상대방에 대한 예의라고 생각한다. 때와 장소, 상황, 다시 말해 TPO에 맞는 옷차림은 나의 준비됨을 드러내는 동시에 상대를 존중한다는 의미를 담고 있다. 이 자리에 대한 의미를 충분히 알고 있으며, 그에 맞는 격을 갖추겠다는 일종의 표시이기도 하다.

    때로는 사업상 유용한 전략으로 쓰일 수도 있다. 단정한 옷차림은 상대방에게 신뢰를 주고 세련된 이미지를 준다. 그런 만큼 상대로 하여금 호의를 이끌어낼 수 있다. 따라서 부자들은 언제 어디서든 그에 알맞은 옷차림을 할 수 있도록 준비하는 데 소홀함이 없다.

    나는 중개 사무소에 고급 차를 타고 와서 반바지에 슬리퍼 차림으로 내리는 사람을 단 한 번도 본 적이 없다. 정장까지는 아니더라도 대부분 깔끔한 차림이다. 사실 고급 차를 타고 내린 사람이 반바지에 슬리퍼 차림이라면 이쪽의 의욕도 한풀 꺾인다. 옷차림으로 사람을 판단하는 것은 아니지만, 왠지 모르게 차림새에서 그 사람의 의지가 느껴진달까.

    고급 차가 전부가 아니다. 그 사람의 차림새에서 이 사람이 그냥 땅을 사러 왔는지, 준비를 철저히 하고 왔는지가 느껴지는 것이다. 부자들에게는 땅 매매가 곧 투자다. 가벼운 마음으로 왔을 리가 없다. 그런 만큼 옷차림은 일종의 의욕을 나타내기도 한다.

    건설업에 종사하시는 단골손님이 있다. 오피스텔과 도시형 생활주택 등을 건설하는 분인데, 말이 건설업이지 자신은 노가다꾼이라며 현장이 바쁘면 본인이 직접 시멘트 포대도 매고, 레미콘 타설하다 바닥에 흘리면 삽질도 한다고 하셨다. 이렇게 말만 들으면 이 사장님은 평소에 작업에 편한 옷을 입고 다닐 것 같지만 절대 그렇지 않다. 볼 때마다 항상 셔츠에 넥타이 차림을 하고 계셨다. 언제 어디서 어떤 사람을 만날지 모르니 "누굴 만나도 부끄럽지 않기 위해서"가 그 이유였다. 물론 정장 차림으로 현장을 다니다 보니 고가의 정장은 차마 못 입고, 신발이나 옷이 더러워질 수 있으므로 항상 여분의 구두와 넥타이를 차에 구비하고 다닌다.

키가 작거나 크거나, 몸매가 좋거나 좋지 않거나는 중요하지 않다. 단정한 옷차림은 사람을 품위 있고 신뢰가 가게 만든다. 앞서 건설업을 하는 사장님처럼 부자라고 해서 모두 비싼 옷에 비싼 구두를 신고 다니는 것도 아니다. 다만 언제 어디서든, 누구와 만나든 자신감을 잃지 않도록, 상대에 대한 예의가 없어 보이지 않도록 옷차림에 신경을 쓸 뿐이다. 그리고 이는 항상 플러스 요인이 된다.

1000억 땅부자들의
토지투자 시크릿

초판 1쇄　2022년 6월 17일

지은이　윤만 김성완
펴낸이　서정희
펴낸곳　매경출판㈜
책임편집　박의성
마케팅　김익겸 이진희 장하라
디자인　김보현 김신아

매경출판㈜
등록　2003년 4월 24일(No. 2-3759)
주소　(04557) 서울시 중구 충무로 2(필동1가) 매일경제 별관 2층 매경출판㈜
홈페이지　www.mkbook.co.kr
전화　02)2000-2612(기획편집) 02)2000-2636(마케팅) 02)2000-2606(구입 문의)
팩스　02)2000-2609　**이메일**　publish@mk.co.kr
인쇄·제본　㈜M-print 031)8071-0961
ISBN　979-11-6484-427-2(03320)

© 윤만 김성완 2022

책값은 뒤표지에 있습니다.
파본은 구입하신 서점에서 교환해 드립니다.